Berliner Kaleidoskop
Schriften zur Berliner Kunst- und Kulturgeschichte
Band 13

Kutte kennt sich aus

Berlin – Bummel
mit
Kurt Pomplun

Haude & Spener

Umschlag: Berliner Droschkenkutscher mit einer „Klauweißen“. Zeichnung von Georg Barlösius, 1906

Titelvignette: Berlin vom Kreuzberg aus gesehen, 1873

5. Auflage

Umschlag: Rudolf Flämig
Textillustrationen von Friedrich Dreyer-Tamura, Hans Hartmann, Bodo Mann und nach zeitgenössischen Vorlagen
Druck: Color-Druck G. Baucke, Berlin
ISBN 3-7759-0216-3

„Kutte kennt sich aus“ heißt eine Berlin gewidmete Sendereihe im RIAS, deren Idee und Titel von Hans Rosenthal stammen. Seit dem April 1967 bummele ich allmonatlich mit meinem Freund Horst Kintscher durch unsere Stadt.

Der unerwartete Erfolg im Hörfunk hat die Berliner Morgenpost veranlaßt, mich für eine berlinische Serie in den Sonntagsausgaben zu verpflichten, die ebenfalls Anklang fand.

Hörer und Leser haben immer wieder den Wunsch geäußert, ich möchte meine Eintagsfliegen doch zu einem Buch zusammenfassen. Das ist Weihnachten 1970 geschehen.

Wenn ein wohlmeinender Zeitgenosse auch einmal von „Berlin-Feuilletons“ sprach, so möchte ich betonen, daß meine für den Tag geschriebenen Aufsätze nichts weiter bezwecken, als das, was in vielen Briefen und Anrufen zum Ausdruck kam: das geschichtliche Interesse zu fördern und die Liebe zur Heimat Berlin wachzuhalten.

Nach wenigen Monaten war eine neue Auflage nötig, und jetzt liegt bereits die vierte vor. Da auch in Berlin „nichts beständiger ist als der Wechsel“ (wie Ludwig Börne 1825 in seiner Denkrede auf Jean Paul sagte), wurde die neue Auflage überarbeitet und — wo es erforderlich war — aktualisiert.

Kurt Pomplun

Berlin-Grunewald, Weihnachten 1975

INHALTSVERZEICHNIS

Lindenbummel. Vom „Adlon“ bis zum „Berlin-Palais“

Im Sommer 1972 trat die Vereinbarung zwischen dem Senat von Berlin und der DDR-Regierung über „Erleichterungen und Verbesserungen des Reise- und Besucherverkehrs“ in Kraft. Damit wurde erreicht, daß die Westberliner endlich wieder in lange unzugänglich gebliebene Gebiete fahren und beispielsweise auf Berlins berühmtester (und einstmals schönster) Straße einen „Lindenbummel“ unternehmen können.

Und wie oft hat man den früher getan. Entweder auf dem Wege zum oder vom Lustgarten, der weiten Fläche zwischen Altem Museum, Dom und Stadtschloß, die wir heute sehr verändert als Marx-Engels-Platz wiederfinden. Ja was gab es für ein empfängliches Kinderauge nicht alles Unter den Linden zu sehen! Da waren im Kastanienwäldchen gleich neben dem gern besuchten Zeughaus die drei dicken Kanonen, von denen die größte für uns selbstverständlich die „Faule Grete“ des ersten hohenzollernschen Kurfürsten war, mit der er die Quitzows aus ihren Raubschlössern verjagt hatte. Sehr viel später mußten wir uns in der Schule mit der unromantischen Tatsache befreunden, daß es weiter nichts als ein Festungsgeschütz war, das man nach den Befreiungskriegen vom Mont Valerien in Paris als „Souvenir“ an die Spree gebracht hatte.

Und dann waren da vor allem die glänzenden Auslagen der vielen Luxusgeschäfte, die großen Schaufenster der internationalen Reisebüros und Schiffsagenturen mit ihren schmucken Dampfermodellen oder der Laden des Hofuhrmachers Felsing, Großvaters von Marlene Dietrich, mit der vielbestaunten großen Uhr, die zeigte, wie spät es zur gleichen Zeit in New York, London, Petersburg und anderen Weltstädten war. Höhepunkt war immer der Spaziergang durch die „Passage“, die eigentlich Kaisergalerie hieß und die Linden mit der bis in die späte Nacht hinein unerhört belebten Friedrichstraße verband. Unsere vom Schaufensterbummel sowieso stark erschöpfte Mutter zog es vor, nicht dem „Passage-Panoptikum“ oder den süßfarbigen Prachtgemälden des Hofmalers Fischer ihr Interesse zuzuwenden, sondern im Café Keck, im „Bauer“ oder bei Kranzler auszuruhen.

Doch wie sieht es heute dort aus, in der einst so oft und gern besuchten City, die den meisten von uns aus mannigfaltigen Gründen verschlossen blieb?

Das gegen West-Berlin durch die Mauer abgeschirmte Brandenburger Tor ist auch von Osten aus nicht zugänglich. Man kommt nur bis zur Wilhelmstraße, die jetzt Otto-Grotewohl-Straße heißt, und sieht von hier aus auf den völlig kahlen Pariser Platz. Einst war er eine städtebaulich vorbildliche Anlage von seltener Geschlossenheit und der „Empfangssalon“ Berlins, in dem unsere Stadt ihre offiziellen Gäste durch den Oberbürgermeister und die Stadtverordneten im Schmuck ihrer goldenen Amtsketten begrüßte. Ein Teil des Rückgebäudes des Hotels Adlon erinnert noch an jene längst vergangenen Zeiten von „Glanz und Gloria“.

Beide Straßenseiten zwischen Wilhelm- und Friedrichstraße sind nach einigen Jahren des Zauderns von 1964 an verhältnismäßig schnell wieder mit Neubauten besetzt worden. Zwischen ihrer klaren, zweckmäßigen Architektur, die sich von jener des Westens überhaupt nicht unterscheidet, empfindet man die bereits 1952 in dem damals beliebten Moskauer Monumentalstil der Stalinzeit aufgetürmte Sowjetische Botschaft besonders stark als Fremdkörper. Eingefaßt ist sie vom neuen Volksbildungsministerium und einem Erweiterungsbau der Botschaft mit Wohnungen für die Botschaftsangehörigen und Läden der Aeroflot, des Intourist und der Nachrichtenagentur Nowosti.

Bis zur berühmten Kranzlerecke von einst erstrecken sich dann jenseits der bis zu den Linden durchgebrochenen Glinkastraße (der früheren Kanonierstraße) das Verwaltungsgebäude der Komischen Oper in der Behrenstraße, die wir als Metropoltheater kannten und schätzten, und ein Appartementhaus für Gastprofessoren und besuchsweise in Berlin weilende Spezialisten. In den Läden kann man, wenn man über das entsprechende Geld verfügt, schöne und seltene Dinge kaufen: Meißener Porzellan oder rare

Die Passage an der Ecke Friedrich- und Behrenstraße, 1874

Bücher aus früheren Jahrhunderten. Im Delikatessengeschäft „Havanna" — an der Stelle des alten Cafés Kranzler — gibt es Genüsse aus der westlichen Welt zu sündhaft hohen Preisen, die aber ohne Zögern bezahlt werden, wenn man sich „mal einen guten Tag machen" will.

Auf der anderen, sonnenbegünstigten und daher früher gemiedenen Seite erfreut sich das „Kleine Café Unter den Linden“ besonderer Beliebtheit. Es wird auch Café Sölle genannt nach dem Hausherrn, dem hier residierenden Minister für Außenwirtschaft. Nachbarn zur Linken sind seit 1965 die Botschaften von Ungarn und Polen sowie die „Wiratex“, die Exportgesellschaft für Wirkwaren und Raumtextilien. Zur Rechten sind noch einige Prunkbauten aus der Kaiserzeit erhalten geblieben: die frühere Preußische Zentral-Boden-Credit AG, die Gemeinschaftgruppe deutscher Hypothekenbanken mit dem unvergessenen Daimler-Benz-Laden und die Internationale Schlafwagen-Gesellschaft, die jetzt FDJ und Deutsche Reichsbahn nutzen. Übrigens findet man auch noch das 1936 entstandene Haus der Schweiz mit dem bronzenen Tellknaben an der Ecke zur Friedrichstraße.

Die gastronomische Tradition dieser Ecke wahren jetzt das neue „Hotel Unter den Linden“ und das am alten Platz des Cafés Bauer aufgeführte Café-Restaurant „Lindencorso“, dessen besonderer Reiz eine begrünte Terrasse mit Wasserspielen ist.

Östlich der Friedrichstraße bieten die „Linden“ im großen und ganzen noch — oder wieder — das vertraute Bild. Der hohe graue Sandsteinbau des „Hauses der Gewerkschaften“ war einmal Sitz der Disconto-Gesellschaft, dann des Reichsarbeitsministeriums. Er soll auf 22 Meter erniedrigt werden; denn diese Höhe ist durch das sogenannte „Lindenstatut“ neuerdings zwingend vorgeschrieben. Staatsbibliothek, Humboldt-Universität, Opernhaus, Neue Wache und das jetzt „Altes Palais“ genannte Palais des Kaisers Wilhelm I. sind bekannte Erscheinungen im historischen Stadtbild, dem sich vor kurzem auch die völlig erneuerte Alte Bibliothek zugesellte. „Kommode“ hieß sie bei den Berlinern und ihre Inschrift „Nutrimentum spiritus“ (Nahrung des Geistes) wurde mit „Spiritus is ooch Nahrung“ übersetzt.

Eine freudige Überraschung für alle Berlin-Fans und Lindenbummler bildet der Wiederaufbau des früheren Kronprinzenpalais. Der Zweite Weltkrieg hatte nur bis zum dritten Stock reichende Ruinenreste übriggelassen, die erst 1961 restlos beseitigt wurden. Unter dem fatalen Eindruck, den der architektonisch durchaus gelungene, aber am Eingang der Linden völlig deplazierte Neubau des Ministeriums für Auswärtige Angelegenheiten macht, hat man sich dann entschlossen, das Kronprinzenpalais 1968/69 äußerlich der alten Form getreu, die Heinrich Strack ihm 1857 durch Umbau und Aufstockung gab, wieder erstehen zu lassen. „Berlin-Palais“ heißt es jetzt und dient dem Ostberliner Magistrat als Kultur- und Gästehaus.

Abschied vom „Fischerkietz“

Der populärste aller Kietze, an denen Berlin keinen Mangel hat, war unbestreitbar der sogenannte „Fischerkietz“ im Herzen der Altstadt. Jenes romantische Häusergeviert im südöstlichen Teil der „Insel“ Kölln an der Spree, das vom Köllnischen Fischmarkt, der Fischerbrücke, der Friedrichsgracht und der Roßstraße begrenzt wurde.

Die zünftigen Historiker hören das Wort „Fischerkietz“ nicht gern, weil sie mit Recht befürchten, daß die erst in unserem Jahrhundert aufgekommene volkstümliche Bezeichnung einem alten, längst überwundenen Geschichtsirrtum zu unerwünschter Auferstehung verhelfen könnte. Unter zahlreichen, unausrottbaren Fabeln über die Vergangenheit Berlins hat keine so viel Verwirrung angerichtet wie die oft und gern benutzte Schlagzeile „Vom Fischerdorf zur Weltstadt“. Vom Dorf zu stammen, ist keine Schande und hat beispielsweise die Bewohner von Wilmersdorf oder Zehlendorf nie gestört, aber hier ist es ja kein richtiges Bauerndorf, sondern „bloß“ eine slawische Fischersiedlung, mit der die Berliner an der Spree angefangen haben sollen. Es wäre zu begrüßen, wenn diese Behauptung, die schon so oft widerlegt wurde, ebenso endgültig aus der Heimatliteratur verschwinden würde wie — leider — in unseren Tagen der „Fischerkietz“ aus dem Stadtbild.

Die nach dem Brauch des Mittelalters unregelmäßig breit und gekrümmt angelegte Fischerstraße war eine der ältesten Straßen von Kölln und die Magistrale des „Fischerkietzes“. Mit ihren Seitengassen, der Köllnischen Straße und der Schornsteinfegergasse, bot sie eine anschauliche Übersicht der kleinbürgerlichen Bauweise des Altstadtkerns, die selbst der Bombenkrieg nicht völlig auslöschen konnte.

Hier war ein Haus eng an das andere gerückt, Gebäude mit einer vier, oder auch nur drei Fenster-Front. Die schmalen Parzellen, von denen sich das 90 Meter lange, bis zur Fischerbrücke durchgehende Grundstück Fischerstraße 23 auf knapp vier Meter verengte, duldeten eben keine Ausdehnung in die Breite. Die bekanntesten Beispiele, das so oft gemalte und fotografierte Stammlokal von Meister Zille, das spitzgieblige „Gasthaus zum Nußbaum“, ist wie der Giebelbau des „Blütchenhauses“ im Bombenhagel des Zweiten Weltkrieges zusammengesunken. Aber es gab noch Häuser genug, die ihr altes Aussehen, ihre verwinkelten Höfe mit den malerischen Holzgalerien bewahrt hatten und zudem reizvolle Besonderheiten aufwiesen: Handwerkssymbole und Hauszeichen. Hausnummern sind erst 1798 in Berlin eingeführt worden; bis dahin orientierte man sich an den Wahrzeichen der Häuser. Ihre Lage beschrieb man recht ausführlich und sagte zum Beispiel: „Der Böttcher Hintze wohnet in der Fischerstraße das zweyte Haus von der Ecke der Friedrichsgracht gegen dem Cöllnischen Wursthof über, in dem Hause allwo ein blauer Stern über der Thür stehet.“

Dieser Stern mit der Jahreszahl 1778 war noch 1970 am Hause Fischerstraße 17 zu finden. Doch dann begann das große Aufräumen. Heute steht kein Stein mehr vom „Fischerkietz“, und auch die alten Straßenzüge wird man vergeblich suchen.

Der vor einigen Jahren in Ost-Berlin offiziell bekanntgegebene Plan, „die alten Gebäude in ihrer äußeren Form historisierend zu erneuern, die Innenräume aber als Wohnungen, Ateliers und Werkstätten für Künstler und Kunsthandwerker modern zu gestalten, an Stelle der zerstörten

Häuser Neubauten zu errichten, die sich dem Stil dieses alten Stadtteils anpassen“, sollte bis 1965 verwirklicht werden. Man hat das Projekt jedoch nach einigen Instandsetzungen stillschweigend zu den Akten gelegt und durch „neue Erkenntnisse des sozialistischen Städtebaus“ ersetzt. Das gesamte Gebiet südlich der Gertraudenstraße bis zum Spreekanal wurde zu einem modernen sozialistischen Wohnviertel umgestaltet.

Gasthaus zum Nußbaum in der Fischerstraße, 1918

Anstelle der schmalbrüstigen Häuser aus dem 17. bis 19. Jahrhundert wurden fünf 21geschossige Wohnhochhäuser mit insgesamt 1200 Wohnungen aufgetürmt, denen sich später noch ein Hotel zugesellen soll. Die Friedrichsgracht wird zur begrünten Uferpromenade.

Bei den umfangreichen Ausschachtungen für die Hochhausfundamente entdeckte man übrigens nicht ein einziges Fundstück aus der Slawenzeit, ein neuerlicher Beweis dafür, daß hier kein „slawischer Fischerkietz" lag.

Die wenigen kläglichen Reste der alten Häuser zwischen den himmelhohen Neubauten waren zuletzt unbewohnt oder wurden als Unterkünfte für die Bauarbeiter benutzt. Eine Inschrifttafel am Hause Fischerstraße 27 erinnerte an den sagenumwobenen Hans Kohlhase — das Vorbild für Heinrich v. Kleists „Michael Kohlhaas" —, der aber niemals hier wohnte, sondern im benachbarten Berlin im eigenen Hause nicht mit Pferden, wohl aber mit Heringen, Speck und Honig en gros handelte. Daneben stand noch, mehrfach erneuert, das Gewerkshaus der Schuhmacher. Von seiner Schankwirtschaft heißt es in alten Chroniken, daß es dort „lustig zuging". Wie lustig, erhellt ein Bericht von 1688, der von einem „Pfingstival" eigener Art erzählt: „Die Schuhknechte hatten am Pfingstsonntag während der Predigt etzliche Tonnen Bier angestochen, bei denen jene sich dermaßen vollgesoffen, daß sie in einem Stiche bis zum dritten Pfingsttage dort festgesessen und Reibungen daraus entstanden waren."

Der Kahlschlag des „Fischerkietzes" ist nicht ohne Widerspruch geblieben. Auf Wunsch der Bevölkerung hat man sich deshalb entschlossen, die Rokokofassade des um 1740 entstandenen Hauses Friedrichsgracht 15 am gegenüberliegenden Märkischen Ufer wiederherzustellen und zusammen mit der benachbarten, ebenfalls rekonstruierten Straßenfront des 1966 abgerissenen Ermelerhauses aus der Breiten Straße als zugkräftige Kulisse für eine neue Alt-Berliner Gaststätte zu verwenden. Es lag nahe, sie „Restaurant zum Fischerkietz" zu nennen, was zur Genugtuung der Historiker aber doch nicht geschah.

Aufstieg zum „Beusselberg“

„Beusselberg“ hieß früher das dichtbevölkerte Arbeiterwohnviertel im Nordwesten von Moabit. Zum „Beusselkietz“ wurde es erst, als diese Ecke infolge der politischen Auseinandersetzungen der Jahre vor 1933 als „rot“ verschrien war.

„Beusselberg“: was einem Bayern nur ein mitleidiges Lächeln abnötigt, ist für den in der märkischen Sandebene aufgewachsenen Berliner eben ein Berg. Und das war er einstmals auch für die braven Gäule der „Gesellschaft Staubschutz“, deren schwerbeladene Müllwagen von der Turmstraße bis zur 1902 eröffneten Müllverladestelle an der Beusselbrücke immerhin fast sieben Meter Steigung zu überwinden hatten. Mit dem Staubschutz war es übrigens nicht weit her: der braune Müllstaub legte sich nicht nur auf die Umgebung, sondern vor allem auf die durstigen Kehlen der Müllkutscher, so daß die Kneipiers des „Beusselbergs“ über mangelnden Umsatz nicht klagen konnten.

„Auffallend groß ist die Menge der kleinen Kneipen“ stellte Otto v. Leixner schon 1891 fest, als er sich in seinen „Sozialen Briefen aus Berlin“ der Beusselstraße annahm. Auch heute noch gibt's hier Gaststätten genug — vom behaglichen Restaurant bis zur Stehbierhalle, in der man „auf die Schnelle eine Molle zischt“.

Eine Kneipe steht auch am Beginn der Geschichte des „Beusselkietzes“. Hier an der alten Stadtgrenze zwischen Berlin und Charlottenburg, wo nahe der Gotzkowskybrücke bis 1875 ein seitdem im Märkischen Museum befindlicher Grenzstein von 1623 „der Sprew Hern zu Berlin Grentz und Fischerei“ markierte, war ein Haus des kurfürstlichen „Stackensetzers“ im „Hinteren Tiergarten“, dem nördlich der Spree gelegenen Teil des Großen Tiergartens. Er ist im Laufe der Zeit immer kleiner geworden, bis nur noch die Parkanlage des „Kleinen Tiergartens“ zwischen Alt-Moabit und der Turmstraße übrigblieb.

Als 1716 französische Glaubensflüchtlinge hier angesiedelt wurden, die das Land in frommer Gesinnung und dankbar für ihre neue Heimat unter Bezug auf die Bibel (Je-

Beusselscher Gutshof, 1860

saias 16, 4: „Laß' meine Verjagten bei dir herbergen, Moab!") „Terre de moab" nannten, vergab man das Haus des längst entbehrlich gewordenen Staketensetzers an einen Franzosen, namens Martin, der an dem vielbefahrenen Heerweg von Berlin nach Spandau eine Schankwirtschaft aufmachte. Wegen seiner geringen Körpergröße wurde der Wirt von den Gästen „Petit Martin" oder „Martinicken" genannt. Daraus entstand dann der Name „Martinickenfelde" für den Ortsteil. Die Älteren unter uns werden sich daran erinnern, daß so auch die Postagentur in der Beusselstraße hieß und die Straßenbahnen die heute völlig vergessene Bezeichnung an ihren Schildern führten.

Die Beusselstraße selbst ist nach dem Gutsbesitzer Georg Christian Beussel (1774–1864) benannt. Ihm gehörte das Land zu beiden Seiten der Straße, das er von seinem Gutshof auf dem heutigen Adrema-Gelände aus bewirtschaftete. Seine Nachkommen zogen es vor, die Felder und Wiesen als Bauland zu Geld zu machen, blieben aber dem alten Beruf treu: 1879 erwarben sie das Rittergut in Zossen, von dem sie 1945 durch die Bodenreform vertrieben wurden.

Einer der ersten, die sich auf den Beusselschen Feldern ansiedelten und den Grund zum Industrierevier des „Beusselkietzes“ legten, war der Fabrikant Ludwig Loewe. Vor über 100 Jahren, 1869, hatte er in der Hollmannstraße in Kreuzberg mit einer Nähmaschinenfabrik begonnen, die nach ihrer Verlegung in die Wiebestraße (1888) einen großen Aufschwung nahm. Außer den noch heute hergestellten Werkzeugmaschinen wurden vor allem Gewehre fabriziert, täglich 1000 bis 1200 Stück, so für die preußische und die russische Regierung. Ein Riesenauftrag des Ottomanenreiches, das 555 000 Mausergewehre bestellte, veranlaßte die konservativen Gegner des auch politisch sehr aktiven liberalen Parlamentariers Loewe, von „Judenflinten“ zu sprechen.

Heute nimmt die Industrie fast das gesamte Areal westlich der Reuchlin- und Berlichingenstraße ein. Unübersehbarer Markstein ist die in die Architekturgeschichte eingegangene Turbinenfabrik der AEG an der Ecke der Huttenstraße. Bereits 1909 von Peter Behrens geschaffen, blieb sie bis heute für den modernen Industriebau vorbildlich; sie steht unter Denkmalschutz.

Wie Vorbilder der Protestbewegungen unserer Tage mag das scheinen, was sich früher im „Beusselkietz“ tat. Angefangen hatte es schon vor einem Jahrhundert mit dem „Moabiter Klostersturm“. Im August 1869 war als Vorläufer der heutigen St. Pauluskirche in der Turmstraße 44 eine katholische Kapelle eingeweiht und bei dieser Gelegenheit die Niederlassung von Ordensgeistlichen angekündigt worden. Den Berlinern wollte es nun nicht in den trotzigen Sinn, daß in der ganz überwiegend protestantischen Hauptstadt Preußens ein Kloster erstehen sollte, und bald wurde die Kapelle trotz des Einsatzes von Schutzleuten mehrmals erstürmt und verwüstet. Die blutigen Unruhen endeten erst, als eine polizeiliche Schutzwache ins Kloster zog. Sie soll es wegen der dort gebotenen guten Verpflegung nur ungern verlassen haben.

Ein anderer Tumult brach im September 1910 in der Sickingenstraße aus, nachdem 141 Arbeiter einer Kohlenhandlung in den Streik getreten waren, um die Erhöhung des Stundenlohns von 43 auf 50 Pfennige durchzusetzen. Die tagelangen Straßenkämpfe zwischen den Streikenden und der Polizei erforderten zwei Tote und viele Verletzte. Bis zum Januar 1911 lief dann ein Landfriedensbruch-Prozeß im Kriminalgericht Moabit, in dem 33 angeklagte Arbeiter, darunter drei Frauen, Gefängnisstrafen zwischen einem Monat und dreieinhalb Jahren erhielten. „Noch ehe das Urteil verkündet war, ergoß sich über die beteiligten Polizeibeamten ein Ordenssegen" kommentierte die demokratisch-liberale „Vossische Zeitung".

Die heute so friedlich anmutende Rostocker Straße sah im Juni 1932 eine Straßenschlacht, die fast eine Woche lang währte und ausgesprochen politischen Charakter hatte. Drei feindliche Gruppen kämpften erbittert gegeneinander: die Nationalsozialisten, die in der „Eisernen Front" vereinten Sozialdemokraten und Kommunisten sowie die Polizei. Sie war schließlich gezwungen, über die Rostocker Straße den Belagerungszustand zu verhängen. Im gleichen Jahr verlor Herbert Norkus, ein Mitglied der HJ, in der Zwinglistraße bei einer Schlägerei das Leben. Der Fall wurde nach 1933 im Tendenzfilm „Hitlerjunge Quex" noch einmal aufgerollt, und die fleißigen Arbeiter aus dem „Beusselkietz" mußten es sich gefallen lassen, im Film zu Prototypen der Unmenschlichkeit verzerrt zu werden.

Großstadtferne Einsamkeit am Lützowplatz

Nun hat auch der Lützowplatz den 100. „Geburtstag" längst hinter sich. Seine „Geburtsurkunde" ist eine Bekanntmachung des Polizeipräsidiums vom 23. November 1869, in der es heißt: „Des Königs Majestät haben Allergnädigst zu bestimmen geruht, daß die Straße 28 der Abtheilung IV des Bebauungsplans von den Umgebungen Berlins mit dem Platz G daselbst vereinigt und dem letzteren der Name Lützow-Platz beigelegt werden soll."

Namenspate war der durch „Lützows wilde verwegene Jagd" lebendig gebliebene Freischarenführer der Befreiungskriege von 1813—1815, Adolph von Lützow, der ganz in der Nähe, Tiergarten- Ecke Stauffenbergstraße, seine letzten Lebensjahre verbracht hatte. Lützowstraße und Lützowufer jedoch haben nichts mit ihm zu tun. Sie sind nach dem Ort benannt, zu dem sie einstmals hinführten; nach dem Dorf Lützow (oder Lietzow), Keimzelle der vom ersten Preußenkönig gegründeten Stadt Charlottenburg. Die Lützowstraße hieß übrigens bis 1867 offiziell „Lützower Weg-Straße", was einen witzigen Kopf zu einer Petition an den Magistrat veranlaßte, in der beantragt wurde, „der Vollständigkeit wegen" die Straße „Lützowerwegstraßenpfadgassenpassage" benennen zu wollen.

Zur Zeit seines „Geburtstages" war der Lützowplatz im Besitz von zwei Privatleuten, die mit dem 18 000 Quadratmeter großen, für 12 000 Mark jährlich als Lagerstätte von Bauholz und Kohlen verpachteten Gelände spekulieren wollten. Sie verlangten vom Magistrat den damals unerhörten Quadratmeterpreis von über hundert Mark. Die Stadtverordneten aber beschlossen, höchstens 18 Mark zu zahlen, da nicht Bauland zur Rede stand, sondern Gelände für eine öffentliche Grünanlage. Im jahrelangen Streit der Meinungen wurde auch an eine „monumentale Bebauung" des Platzes gedacht. Man projektierte den Neubau der Kunstakademie, die dann ein Vierteljahrhundert später am Steinplatz erstand, dachte aber auch an ein aufwendiges „Westend-Theater" mit eingebauten Ladentrakten und großer Badeanstalt.

Mittlerweile waren, wenn auch zögernd, die ersten Häuser an den Platzrändern hochgewachsen. Dort, wo bislang „Krugs Garten" als einzige Ansiedlung das bevorzugte Ziel jener Angehörigen unserer Urgroßvätergeneration war, die großstadtferne Einsamkeit zu schätzen wußten und — das hier in vorzüglicher Qualität ausgeschänkte Weißbier. Im weiteren Umkreis des Platzes breitete sich lange eine ländliche Idylle aus, in der „Bimmel-Bolle" 1881 mit seiner „Provinzial-Meierei" am Lützowufer Ecke Keithstraße den Grundstein für sein später weltbekannt gewordenes Unternehmen legte, das aus dem einfachen Maurermeister einen millionenschweren Geheimen Kommerzienrat machte.

Zur gleichen Zeit hatte sich die bis 1863 bescheiden „Mühlenweg“ genannte Kurfürstenstraße, die noch Fontane in seinen „Irrungen, Wirrungen“ als stillen Wiesenpfad mit vereinzelten Bänken für die wenigen Spaziergänger und Liebespaare beschrieb, zu einer Prachtstraße entwickelt, in der großartige Villen im Stil der Renaissance — „Reene Angst-Stil“ sagten die Berliner — und Luxusmiethäuser aufeinander folgten.

Dort, wo sich jetzt das „Hotel Berlin“ präsentiert, hatte der Militärfiskus schon 1875 das Ingenieur-Dienstgebäude errichten lassen, von dem die Angehörigen der feudalen Gardeinfanterie- und Kavallerie-Regimenter geringschätzig als „Klempnerakademie“ sprachen. Der große Backsteinbau — wie konnte es anders sein, natürlich ebenfalls in Renaissanceformen — lag in einem weiten baumbestandenen Garten, der bis zu den Wohnhäusern an der Südseite des Lützowplatzes reichte. Wegen ihrer schönen Ausblicke und der Nähe des Tiergartens waren diese Häuser begehrte Wohnquartiere des gehobenen Bürgertums. Hier lebten neben anderen Tagesgrößen der Maler und Grafiker Emil Orlik, die seinerzeit sehr beliebte Schauspielerin Lisa Weise und der Warenhauskönig Georg Tietz.

Am Lützowplatz entfaltete sich überhaupt Glanz und Gloria des wilhelminischen Berlins. Rund um den 1903 eingeweihten bombastischen Herkulesbrunnen, der — ein „Anrainer“ hat es festgestellt — aussah, „wie eine Fontäne, die das große Los gewann“, wohnten Großadmiral von Tirpitz, Polizeipräsident von Jagow, der Chefredakteur des Berliner Tageblattes, Theodor Wolff, und der spätere Chef der Reichswehr, Hans von Seeckt, der Bauhausmeister Walter Gropius, der Alraunen-Autor Hanns-Heinz Ewers und was der berühmten Namen mehr sind.

Auf der Terrasse des Cafés Schallehn an der Schillstraße konnte man im Schutz der tief herabgezogenen Markise so schön die Schule schwänzen oder sich mit seiner „Flamme“ aus dem benachbarten Charlottenlyzeum treffen. Hier, am weißen Marmortisch, haben Julius Meyer-Graefe und Harry Graf Keßler den „Pan“ aus der Taufe gehoben, eine Kunst- und Literaturzeitschrift opulenten Stils.

Sie war ähnlich kurzlebig wie Schillers „Horen", Goethes „Propyläen", Heinrich von Kleists „Phöbus" und andere Vorläufer des „Pan". Selten geworden, erringen sie heute auf den Auktionen sagenhafte Preise.

Seit einigen Jahren knüpft die 1907 von Louis Tuaillon modellierte Bronzeplastik des Herkules im Kampf mit dem arkadischen Eber auf dem Lützowplatz an eine Tradition an, die nicht erst mit dem Herkulesbrunnen begann. Auf der alten, im letzten Krieg zerstörten Herkulesbrücke über den Landwehrkanal stand ab 1890 der Figurenschmuck jener ersten, wegen des Baues der Stadtbahn abgerissenen Herkulesbrücke von der Burgstraße beim Bahnhof Börse. Der ältere Langhans, Schöpfer des Brandenburger Tors, hatte sie 1788 über den Festungsgraben gewölbt. Die von Gottfried Schadow gemeißelte Sandsteingruppe zeigte Herkules, wie er über dem Haupt des zu Boden geworfenen Kentauren Nessos die todbringende Keule schwingt. Diesem legte man die Äußerung in den Mund: „Herkules, jehn Se mir bloß mit dem verdammten Mijränestift vom Leibe!" Die andere Plastik stellte Herkules als Bezwinger des nemeischen Löwen dar, dem er

Ingenieur-Dienstgebäude an der Kurfürstenstraße, 1880

den Rachen aufreißt. Der Berliner Volksmund verwandelte den griechischen Sagenheld jedoch in einen Zahnarzt und ließ ihn sagen: „Löweken, den Zahn zieh' ick Dir uff alle Fälle!"

„Der westliche Teil der Kurfürstenstraße zeichnet sich durch schöne Privatbauten aus, das sogenannte ‚Kielgansche Villenviertel'". So konnte man 1902 in Baedekers „Berlin und Umgebungen" lesen. In einer der letzten Ausgaben dieses nicht nur für Berlin-Besucher nützlichen Reisehandbuchs handelt ein ganzer Abschnitt vom Kielganviertel und kennzeichnet es trotz seiner späteren Veränderungen und der 60 %igen Kriegszerstörungen als „bemerkenswertes Beispiel einer der Stadt und dem Tiergarten nahen Villenkolonie der 1870er Jahre". Ausdrücklich wird betont, daß diesem Viertel auch zukünftig die offene Bauweise bewahrt werden soll.

Das war 1967. Doch wer heute zum Nollendorfplatz kommt und beiderseits der Einemstraße oder an der Kurfürsten- und Derfflingerstraße nach dem Kielganviertel sucht, wird bitter enttäuscht. Er findet wohl noch einige der typischen Stichstraßen — Maien-, Ahorn- und Kielganstraße, andere sind verschwunden —, an ihnen auch noch eine Handvoll Villen von ursprünglich einigen sechzig, aber der gepriesene Charakter dieser einst so bevorzugten Wohngegend des „Alten Westens" ist unwiederbringlich dahin. Überall streben Neubauten in die Höhe. Von den noch vor wenigen Jahren heiß umstrittenen Baubeschränkungen ist schon längst keine Rede mehr. Nach dem Flächennutzungsplan ist es zum Kerngebiet geworden, in dem nur noch der Name der Kielganstraße an den unternehmungsfreudigen Mann erinnert, der seine 80 Morgen großen Gemüseäcker zwischen Lützow- und Nollendorfplatz noch vor Beginn der „Gründerjahre" der Parzellierung erschlossen hatte.

Der Kunst- und Handelsgärtner Georg Friedrich Kilian (1807—1876) hatte jahrzehntelang vom „Tonnensystem" profitiert, das vor der Einführung der Kanalisation in unserer Stadt, die 1861 bereits über 500 000 Einwohner zählte, eine höchst anrüchige, aber nun einmal notwendige Angelegenheit war. Die „Concessionierten Latrinenanstalten“ luden den Inhalt der Senkgruben der Stadthäuser auf Kilians Ländereien ab. Der sandige Boden wurde fruchtbar und lieferte Feldgemüse aller Art, das sich auf den Wochenmärkten am Potsdamer Tor und auf dem Magdeburger Platz in klingende Münze verwandelte.

Doch 1867 gab Kilian den angestammten Beruf auf. Er ließ sich vom Baumeister Otto Wuttke einen Bebauungsplan für sein Gelände aufstellen mit 80 geschickt geschnittenen Gartenparzellen an reinen Wohnstraßen, der sogar Vorschläge für die Grundrisse und Fassadengestaltungen der hier zu errichtenden Landhäuser enthielt. Denn nur solche waren zugelassen und durch eine im Grundbuch eingetragene Baubeschränkung gesichert. Kein Gebäude sollte außer dem Keller und dem Erdgeschoß mit mehr als einem Stockwerk versehen werden. Nur an den Straßenecken waren „einige größere, mehr im städtischen Charakter gehaltene Gebäude“ zugelassen und zwar — wie es im „Prospect zum Kielgan'schen Villenbau-Projecte“ von 1868 hieß — „theils um einen ästhetischen Übergang des reinstädtischen Wohnhauses zur Villen-Anlage zu bilden, theils um den Bewohnern der Villen die Tagesbedürfnisse zu erleichtern“.

Man erinnert sich denn auch, daß am Nollendorfplatz ein großes Mietwohnhaus stand — wiederum im Stil der deutschen Renaissance reich mit Erkern und Giebelaufbauten geschmückt —, in dem sich neben verschiedenen Läden das beliebte Café Hahnen befand. Oben, in einer typischen Bohemien-Wohnung hauste drei Jahrzehnte lang bis zu seinem Tode der impressionistische Maler Lesser Ury, der vom Atelierfenster aus immer wieder das nächtliche Lichterglühen des Nollendorfplatzes auf die Leinwand bannte.

Auch Kilian hatte das eigene stolze Haus an der Ecke Kurfürsten- und Mackensenstraße ohne Rücksichtnahme auf seine Baubeschränkungen errichten lassen. Er konnte es nur drei Jahre lang bewohnen, dann rief ihn der Tod aus einem Leben, das den bescheidenen Gemüsegärtner zu einem auf 12 Millionen Mark taxierten Unternehmer werden ließ. Die lachenden Erben — Kilians Tochter Agathe und der Schwiegersohn, Rittergutsbesitzer Otto Gabcke —

haben dann 1894 der Villa durch den Aufbau einer Kuppel palastähnliches Aussehen gegeben und ihrer Dankbarkeit sichtbaren Ausdruck verliehen, indem sie dem alten Kilian, den die Berliner beharrlich „Kielgan“ nannten, ein bronzenes Standbild am Hause errichteten. Schade, daß dieses originelle Denkmal 1943 in die Schrottschmelze wandern mußte. Es zeigte Kilian nämlich nicht im Sonntagsanzug, sondern barhäuptig im Mantel mit dickem Wollschal um den Hals, die Füße in Transtiefeln. Etwa so, wie die Malerin und Schriftstellerin Marie von Bunsen ihn im Gedächtnis hatte: „Ein dicker, nachlässig gekleideter Bauer mit roter Nase und schlauem Lächeln.“

Der Parlamentarier Georg von Bunsen, ein Sohn des preußischen Gesandten in London, hatte sich bereits 1869 im Kielganviertel durch den damals noch als Maurermeister tätigen »Bimmel-Bolle« ein Haus erbauen lassen, das in Marie von Bunsens Erinnerungen „Die Welt, in der ich lebte“ als Rahmen ihrer Kindheit eine wesentliche Rolle spielt. Hier in der Maienstraße 1 war ein Mittelpunkt gesellschaftlichen Lebens mit Namen von Rang, die jetzt zumeist verklungen sind bis auf Fontane und Mommsen. Zuletzt diente das Bunsensche Haus dem Deutschen Archäologischen Institut; 1960 wurde es ohne rechten Grund gesprengt.

Das gleiche Schicksal war dem Kilianschen Palast schon zwei Jahre zuvor widerfahren. Er war allerdings im Kriege zur Ruine geworden. Die seit 1920 hier residierende Polnische Botschaft hatte 1939 dem berüchtigten Reichsministerium für die besetzten Ostgebiete weichen müssen.

Andere Villen, wie die des Verlegers Elwin Paetel in der Kielganstraße oder das schöne Haus der Tochter des pressebeherrschenden Rudolf Mosse in der Einemstraße, hatte die Wehrmacht annektiert. Zuletzt wohnte hier Feldmarschall Keitel und stellte seine Pferde für die Spazierritte zum Tiergarten im roten turmgeschmückten Stallgebäude der Frau Felicia Lachmann-Mosse ein, das noch bis 1970 stand. Paetels Villa ist längst verschwunden und durch einen Neubau ersetzt worden. Im Paetelschen Hause hat Julius Rodenberg, der das Werden des Kielganviertels in der Novelle „Klostermanns Grundstück“ 1891 dichterisch verklärte, die „Deutsche Rundschau“ aus der Taufe gehoben, eine literarisch-politische Monatsschrift, die zuletzt mit dem Namen Rudolf Pechel rühmlich verbunden war.

„Als ich im Herbst 74 in Rom war“, schrieb Theodor Fontane, „stand im Schaufenster eines Buchladens ein gutaussehendes Heft, zu dem es mich geheimnisvoll hinzog, und da las ich denn ‚Deutsche Rundschau‘, herausgegeben von Julius Rodenberg ... ‚Das wird etwas‘, klang es sofort in mir. Und es ist etwas geworden, zur Freude aller Welt.“

Immer an der Panke entlang ...

„Schiffbauerdamm Nummer zwee, da fließt die Panke in die Spree“ lautet ein Merkvers, den sich angeblich die Berliner Schuljugend im Heimatkundeunterricht einprägen mußte. Ich habe ihn früher nie gehört und glaube auch nicht, daß er alt ist. Denn erstens durften wir in der Schule nicht „zwee“ sagen, und „zweetens“ ist die Pankemündung nicht bei Nummer 2, sondern bei Nummer 4 des Schiffbauerdamms. Man kann es noch heute prüfen, denn der Mündungsstollen der Panke befindet sich — deutlich sichtbar — in der Ufermauer gegenüber dem Bahnhof Friedrichstraße in Ost-Berlin.

Nicht nur Heimatforscher, auch Fachleute der Gewässerkunde sind der Meinung, daß dieses größtenteils unterirdisch dahinschleichende, kümmerliche Rinnsal der „Stadtpanke“ oder „Kleinen Panke“, das im Sommer oft gänzlich eintrocknet, nicht der wasserreiche Fluß sein kann, der in den Schloßparks von Buch und Niederschönhausen, im Pankower Bürgerpark oder an der Ufer- und Pankstraße auf dem Wedding sein munteres Wellenspiel treibt. Die richtige Pankemündung sei in dem Vorbecken des Nordhafens an der Sellerstraße, wo das große Umspannwerk der Bewag steht. Hier rauschen die Wassermassen einen Meter tief über eine Gefällstufe in das kleine Hafenbassin unmittelbar an der Mauer.

Genau genommen handelt es sich hierbei um die „Alte Panke“ oder den „Schönhauser Graben“, den der erste Preußenkönig Friedrich I. 1704 ausbauen ließ, um mit Gondeln von Charlottenburg zum Schloß Schönhausen fahren zu können. Wegen des frühen Todes seiner Gemahlin Sophie Charlotte und der raschen Versandung des Grabens kam es nie dazu. Nordhafen und Spandauer Schiffahrtskanal gibt es erst seit 1859; vorher floß die Panke an der Stelle des jetzigen Kanalbettes weiter bis zur Spree und mündete ungefähr da, wo jetzt der Humboldthafen ist.

Wie dem auch sei, die Panke kann sich nicht mit der Spree oder gar mit der Havel vergleichen, die Fontane einen „aparten Fluß“ nannte. Sie wird ihre bescheidene Herkunft aus einem Wiesenrinnsal bei Bernau niemals verleugnen. Doch bietet sie mit den nach dem Kriege angelegten Uferpromenaden — in Wilmersdorf oder Steglitz kennt sie kaum ein Mensch — sehr hübsche Spaziermöglichkeiten, die man je nach Lust und Laune drei Kilometer weit bis zur Grenze gegen Pankow ausdehnen kann. Unser Startplatz ist der Nordhafen, dessen überflüssige Ladestraße vor mehr als fünfzehn Jahren mit blumenberankter Pergola und schwimmender Fontäne in einen anmutigen Uferpark verwandelt wurde, den nicht eben bescheidene Lokalpatrioten zur „Weddinger Alster“ aufgewertet haben. Die Parkanlage war als Ausgangspunkt einer Promenade gedacht, die an Plötzensee und Hohenzollernkanal entlang bis Saatwinkel, also vom Wedding bis zum Tegeler See führen sollte. Daraus wurde nichts, und wir können zufrieden sein, wenn man in absehbarer Zeit vom Nordhafen über einen schmalen Grünzug direkt zum Pankepark zwischen Liesen- und Schönwalder Straße zuweichen; denn das Gelände der ehemaligen 3. städtischen Gasanstalt ist noch nicht zugänglich. Äußerlich glichen die beiden letzten Gasometer aus den 1860er Jahren wohl ihrem Vorbild, dem „Round Tower“ in der englischen Königsresidenz Windsor, aber im Innern waren sie mit meterdicken Betonwänden und -decken aus jener Zeit gepolstert, die sie als Luftschutzbunker verwendete.

An der Ecke Chaussee- und Liesenstraße öffnet sich dann mit weiten Rasenflächen und geschickt verteilten Baumgruppen die eigentliche Pankepromenade. Nichts erinnert mehr daran, daß hier einmal die „Norddeutsche Brauerei" lag, in deren Konzertgarten unsere Großeltern so oft den Klängen der „Maikäfer"-Kapelle unter den Musikmeistern Freese und Dippel lauschten. An der „Schoenwalder Straßenbrücke" mit ihrem kunstvollen Schmiedeeisengeländer von 1883 lockt eine Gastwirtschaft „Zum Pankgrafen" und läßt uns daran denken, daß die schon lange ihrer Weddingheimat untreu gewordene Kneipbrüderschaft die schwarz-grün-grau-blaue Tönung des Pankewassers zu ihren Wappenfarben erkor.

An der Kunkelstraße ist just das „Großreinemachen" der Panke im Gange, und wenn man sieht, wie viele Fahrräder, Kinderwagen, Kühlschränke und Matratzen aus den trüben Fluten gezogen werden, bekommt man fast den Eindruck, daß manche Weddinger ihr populäres Flüßchen als Müllkasten mit Wasserspülung betrachten.

An der Gerichtstraße muß man einen Haken zur Pankstraße schlagen, um wieder durch Panke-Grün wandeln zu können. Doch vorher sollte man den Hof Gerichtstraße 17 besuchen, wo sich eine alte Kastanie bemüht, wenigstens auf ihre Weise gegen eine Atmosphäre anzukämpfen, für die der oft genannte, aber nie gelesene Arno Holz während seiner Weddinger Zeit im „Phantasus" folgende Worte fand:

„Ihr Dach stieß fast bis an die Sterne,
vom Hof her stampfte die Fabrik.
Es war die richtige Mietskaserne
mit Flur- und Leiermannsmusik.
Im Keller nistete die Ratte,
Parterre gab's Branntwein, Grog und Bier,
und bis ins fünfte Stockwerk hatte
das Vorstadtelend sein Quartier."

Schnell vorbei am Stadtbad, das die 1908 von Stadtbaurat Ludwig Hoffmann so liebevoll gezeichnete, von Georg Wrba mit reizenden Skulpturen geschmückte Backsteinfassade gegen eine heutzutage an jedem Provinz-Kaufhaus anzutreffende Schauseite eintauschen mußte, zum „Pantineum“ in der Pankstraße. Hoffmanns Amtsvorgänger Hermann Blankenstein hat die heutige Herbert-Hoover-Schule in den Jahren 1884 bis 1887 als Lessinggymnasium, die erste höhere Schule des Weddings, erbaut und die Fachwelt rühmte schon bald: „Die gedrängte, klare Grundrißanlage mit nach Norden gelegenen Klassen, hellen Fluren und günstigen Treppen zeichnet diese Schule besonders aus.“ Ich muß bekennen, mir gefällt sie noch heute, was für das Amtsgericht Wedding, diesen spätgotischen Justizpalast auf dem weiten Brunnenplatz, nicht so unbedingt gilt. Gewiß eine ordentliche Architektenleistung, aber doch zu sehr Kopie der Albrechtsburg in Meißen.

An der Badstraße wollen wir unseren Panke-Bummel beenden. Da steht Ecke Travemünder Straße ein ungewöhnlich buntes Haus. Und ganz oben hält ein Stuckrelief mit dem Bild des 1908 abgerissenen Brunnentempels die Erinnerungen an den Gesundbrunnen wach. „Wenn sein Wasser auch gleich nicht beim Trinken von großen Wirkungen ist, so kann es doch zum Baden recht gut genutzt werden. Es ist nehmlich mit vielen martialischen Theilen geschwängert, und in gichtischen und Nervenzufällen sehr heilsam befunden worden“ hieß es 1799 in dem „Schreiben eines Reisenden über den Friedrichsgesundbrunnen bei Berlin, und die Vergnügungen auf demselben“. Nebenan, auf dem Hof Badstraße 36, sieht man Terrakottafiguren und -reliefs, auch zwei „Eiserne Ritter“, Radabweiser in Form von schnauzbärtigen, behelmten Ritterköpfen der Zeit um 1700. Eine meterhohe Mauerinschrift „Kafe-Küche“ ist letztes Zeugnis dafür, daß hier einst ein Zentrum unbeschwerten Volksvergnügens war. Als „Marienbad“ wird es mancher noch gekannt haben. Was waren das für Zeiten, da man in den Zeitungen lesen konnte: „Im Park des Gesundbrunnens bei Berlin sind noch sehr freundliche Sommerwohnungen zu vermiethen. Das Nähere daselbst beim Gärtner Becker.“

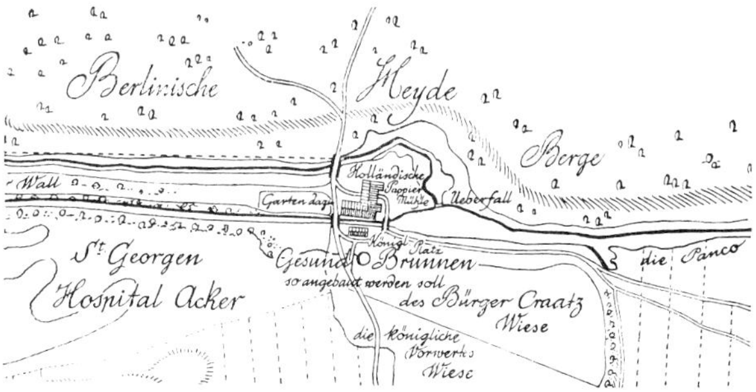

„Plan zu Anlegung des neuen Gesund Brunnen, ad dato d. 28. Dez. 1757" (Ausschnitt)

Wohlstand in „Schlorrendorf"

Schlorrendorf — so sprach man früher von Charlottenburg, als Berlins westlicher Nachbar noch selbständig, dank des hohen Steueraufkommens seiner wohlhabenden Bürger die reichste Stadt Preußens und finanzkräftiger als Frankfurt am Main war. Nicht weiter erstaunlich, daß man alle kommunalen Aufgaben mühelos bewältigte und noch Geld für kostspielige Extratouren übrig hatte.

Der Charlottenburger Oberbürgermeister Fritsche forderte deshalb, statt des von der preußischen Staatsregierung gewünschten „Groß-Berlin" die Eingemeindung der Reichshauptstadt in ein „Groß-Charlottenburg". Symbol jener goldenen Jahre ist der prunkende Torbau der Charlottenburger Brücke über den Landwehrkanal im Zuge der Straße des 17. Juni. Dieses Bauwerk gibt selbst kundigen Berlinern Rätsel auf, weil sie sich einfach nicht vorstellen können, daß man vor 65 Jahren mehr als anderthalb Millionen Mark einzig und allein dafür ausgegeben hat, die glänzende finanzielle Leistungsfähigkeit Charlottenburgs, aber auch die Grenze gegen Berlin äußerlich zu betonen.

Sie hätten diesen Prachtbau in seiner ursprünglichen Gestalt sehen sollen, da war er noch viel pompöser. Der

Krieg hat die Bronzegruppen auf den Torpfeilern und die Riesenkandelaber verschwinden lassen. Angesichts dieses Monuments selbstbewußten Bürgerstolzes muß zugegeben werden, daß die abwertende Bezeichnung „Schlorrendorf" fehl am Platze war. Nach Aussage der Sprachforscher ist sie nur wegen des lautlichen Anklangs an Charlottenburg aus der Gegend des Zentralviehhofes im Osten Berlins, wo man die Bezeichnung bereits seit 1847 kannte, übertragen worden.

Nach 1945 konnte man auch von „Klamottenburg" sprechen. Doch das ist lange vorbei, die Kriegswunden sind geheilt. Die 1891 angelegte Ladestraße am Einsteinufer des Landwehrkanals verlor ihre entbehrlichen Kräne und wurde in eine reizvolle begrünte Promenade verwandelt, auf der man bis zum Schloßpark spazieren kann. Unterwegs überrascht der Anblick der Marchbrücke von 1912. Mit ihrem lebendig gestalteten Quaderwerk aus Muschelkalk, dem bildnerischen Schmuck an den Brüstungen und dem turmartigen Brückenhaus unter geschwungenem Kupferdach sticht sie wohltuend von den so entsetzlich nüchternen Spannbetonbrücken unserer Tage ab.

Im architektonischen Aufwand kommt der Marchbrücke die zur selben Zeit entstandene Dovebrücke gleich, hinter der einige Lagerplätze vorerst dem Uferbummel ein Ende setzen. Für uns ein Anlaß, in die Keimzelle Charlottenburgs einzubiegen. Alt-Lietzow heißt der stille Platz, um den sich einst das Dorf Lütze reihte. Auf seiner Gemarkung ließ sich die Kurfürstin Sophie Charlotte von 1695 an die „Lützenburg" als Abbild ihrer Sehnsucht nach der hannoversch-herrenhausischen Heimat schaffen. Nach ihrem frühen Tod, 1705, wurde das von Eosander von Göthe vergrößerte Schloß fortan Charlottenburg genannt und das in seinem Umkreis entstandene Wohnviertel der Hofbedienten, Kaufleute, Handwerker und Tagelöhner unter dem gleichen Namen zur Stadt erhoben, der sich das Dorf Lietzow oder Lützow — wie es nun hieß — einige Jahre später anschloß.

Außer dem Platznamen und dem Lietzensee, der einmal der „Lützower See" war und mit den „Lietzen", den Teichhühnern, nichts zu tun hat, blieb hier kein Rest dörflicher Vergangenheit. Auch die köstliche „Rosinenstraße“ gibt es leider nicht mehr, über die einst die Schafe und Ziegen zur Weide getrieben wurden, was naturgemäß nicht ohne entsprechende Spuren abging. Loschmidtstraße ist jetzt ihr Name. Den gelben Backsteinbau an der Ecke Alt-Lietzow und Lüdtgeweg bezog 1889 die städtische Feuerwehr, nachdem die freiwillige Turnerwehr ein Jahr zuvor beschlossen hatte, nicht mehr zu spritzen, sondern nur noch zu turnen.

„Es sind in Charlottenburg viele schöne Gartenhäuser und Gärten befindlich, welche meist Privatpersonen in Berlin gehören“ berichtete der ob seiner Fehde mit Goethe in die Literaturgeschichte eingegangene Buchhändler und Verleger Friedrich Nicolai in der „Beschreibung der Königlichen Residenzstädte Berlin und Potsdam, aller daselbst befindlicher Merkwürdigkeiten und der umliegenden Gegend“ von 1786, die als der erste „Berlin-Baedeker“ anzusehen ist. Dafür, daß nichts aus dieser Zeit blieb, entschädigt die repräsentative Villa im Schinkelstil, Alt-Lietzow 28, in der seit Jahr und Tag das Charlottenburger Standesamt wahrhaft residiert.

Wenn man ihr vornehmes Treppenhaus und die stuckverzierten Räume mit den zum Teil erhaltenen alten Sitzmöbeln betritt, ist man doch überrascht, welchen guten Geschmack der Holzhändler Kogge hatte, der sich 1864

Lützow
ehemaliges Dorf, jezt der Stadt Charlottenburg im Teltowschen Creise einverleibt
Bey Simon Schropp et Comp. in Berlin 1795.

das noble Haus erbauen ließ. Zwischen dem Bildwerkschmuck an der Gartenseite ist auch ein Relief mit Szenen aus dem Leben des „Alten Fritzen“, das bekannt vorkommt. Es ist der Abguß eines Sockelreliefs vom Denkmal Friedrichs des Großen, das bis 1950 inmitten der Straße „Unter den Linden“ stand und jetzt ein verborgenes Dasein im Park Sanssouci führt.

Dieses größte und bekannteste Werk Christian Rauchs erinnert daran, daß der Bildhauer mit der schlummernd dargestellten Gestalt der Königin Luise im Mausoleum des Schloßparks Charlottenburg seinen Künstlerruhm begründete. Vielleicht auch daran, daß er an der Schloßstraße ein Sommerhaus hatte. Wie lange das schon her ist, wird einem bewußt, wenn man erfährt, daß Rauch die weite Aussicht bis zum Grunewald besonders schätzte.

Westend — Pferde, Reiter und Poeten

Seit dem November 1961 strebt auf der Reichsstraße in der Höhe des Steubenplatzes ein bronzener Jüngling hoch zu Roß dem nahen Olympiastadion zu. Als er das Pferd bestieg, muß er sehr in Eile gewesen sein; denn das geschulte Auge des alten Kavalleristen registriert mit Mißbehagen, daß der junge Mann nur die Wassertrense zäumte und seinen Gaul völlig unversammelt mit Hirschhals traben läßt. Von Sattelzeug und Reitanzug nicht die mindeste Spur. Aber der goldene Lorbeerzweig in der erhobenen Rechten entschuldigt vieles. Er soll wohl eine Reverenz gegenüber den deutschen Reitern sein, die 1936 bei den XI. Olympischen Spielen in Berlin alles einheimsten, was nur zu gewinnen war und mit nie wieder erreichbaren sechs Goldmedaillen triumphierten.

Der Lorbeerzweig ist allerdings in den letzten Jahren von Souvenirjägern so oft geklaut worden, daß es das Charlottenburger Kunstamt aufgegeben hat, ihn immer wieder zu ersetzen.

„For gewöhnliche Generals wird auf Postamenten kein Pferd gut getan, das ist bloß für die allerhöchsten Herrschaften, wie Sie das an den ollen Fritzen sehen können" hat schon Fritz Reuters „Onkel Bräsig" festgestellt, und wir können uns von diesem ungeschriebenen Gesetz noch heute überzeugen: in der Schloßstraße gegenüber dem Ehrenhof des Charlottenburger Schlosses, wo der alte Reitergeneral Prinz Albrecht von Preußen abgesessen dargestellt ist, obwohl er Bruder des Kaiser Wilhelm I. war.

Unser reitender Jüngling war nun überhaupt nicht für die Öffentlichkeit bestimmt; ein millionenschwerer Kohlengroßhändler hatte ihn für die Terrasse seiner Wannseevilla erworben. Und zwar bereits vor 70 Jahren, als der Schöpfer des Denkmals, Louis Tuaillon — trotz seines französischen Namens ein gebürtiger Berliner —, „en vogue" war — um beim Französischen zu bleiben. Seine bekannteste Plastik ist die zweifach in Berlin — im Tiergarten und vor der Ostberliner Nationalgalerie — vorhandene „Amazone", deren Ankauf wegen des hohen Preises beinahe am Einspruch des Kaisers gescheitert wäre. Als man Seiner Majestät klarmachte, daß sich der Künstler zwei Jahre lang ein edles Pferd als Modell halten mußte, entgegnete Wilhelm II.: „Gott sei Dank, daß er sich nicht auch noch 'ne Amazone gehalten hat" und genehmigte den Kauf.

Der offiziell als „Sieger" bezeichnete Reiter vom Steubenplatz könnte auch als Traditionsträger der ehemaligen Trabrennbahn Westend gelten, die von 1889 bis zur Eröffnung der nun auch schon lange verschwundenen Ruhlebener Bahn im Jahre 1909 auf dem Gelände zwischen Fürstenplatz, der Westend-, Bayern- und Badenallee betrieben wurde. Oder der ersten Bahn des Vereins für Hindernisrennen, der von 1884 an zehn Jahre lang auf dem jetzigen Laubengelände am Spandauer Damm zwischen dem Ruhwaldpark und dem Krankenhaus Westend eine für damalige Verhältnisse sehr großzügige Anlage unterhielt, die er dann durch die schöne Bahn in Karlshorst ablöste. Sie wird noch heute benutzt, aber dient nicht mehr Jagdrennen, sondern dem Trabersport.

Der Steubenplatz ist geographischer Mittelpunkt des erst kurz vor dem Ersten Weltkrieg entstandenen Neu-Westend, das sich mit seinen kurvigen Straßen deutlich vom Schachbrettschema des bereits vor über hundert Jahren angelegten alten Westend unterscheidet; auch durch die Straßennamen. Sind es in Neu-Westend die Länder Deutschlands als Namenspaten, so hat man in der Mutterkolonie deutsche Baumarten gewählt und mit diesen auch die entsprechenden Straßen bepflanzt. Daß in der Ahornallee Ahornbäume stehen, in der Lindenallee Linden usw., ist weiter kein Problem, aber es gibt sogar Nußbäume in der Nußbaumallee und in der Kirschenallee überdies Kirschen, nicht nur beim Obsthändler an der Ecke Kirschen- und Ulmenallee. Es sind zwar wilde Kirschen, aber ihre Früchte sind trotz der Kleinheit süß und wohlschmeckend. Vielleicht probieren Sie es mal an dem Baum vor dem Haus Kirschenallee 3.

Gastronomisches Zentrum des neuen Westend ist die literarisch verklärte „Westend-Klause" in der Reichsstraße, die Walter Franke 1927 im neuerbauten Eckhaus eröffnete und erst kürzlich jüngeren Händen übergab. Diese haben das Innere der ersten Gaststätte Neu-Westends unverändert gelassen, und so grüßen noch immer die Bilder der Stammgäste von einst und heute von den rauchgeschwärzten Wänden.

Allen voran der Maler und Dichter Hans Bötticher aus dem sächsischen Wurzen, der uns als Joachim Ringelnatz oder alkoholbeschwingter Seemann „Kuttel Daddeldu" geläufiger ist. Von dem erfolgreichen Piroschka-Autor Hugo Hartung, auch einem alten Stammgast der Westend-Klause, weiß ich, daß der liebe, skurrile Dichter oft schon in den Vormittagsstunden hierher pilgerte, um, hinter einem Steinhäger sitzend, „eins seiner Berliner Gedichte zu ersinnen, die zu den schönsten und das Wesen dieser vielschichtigen und vielgesichtigen Stadt am besten treffenden Berlin-Gedichten überhaupt gehören".

Ringelnatz hatte es nicht weit; ein paar Schritte sind es nur bis zum Brixplatz, wo er im Hause Nr. 13 von 1930 bis zu seinem frühen Tode 1934 wohnte. Das Haus ist zerstört, aber an Nr. 11 hält eine schlichte Tafel die Er-

Hindernis-Rennbahn in Westend, 1889

innerung wach. Leider nicht die Tatsache, daß der aus einer Kiesgrube zu einem gärtnerischen Juwel umgestaltete Brixplatz ursprünglich Sachsenplatz hieß und als solcher von Ringelnatz besungen wurde:

„Es sang eine Nacht . . .
Eine Nachti . . .
Ja Nachtigall am Sachsenplatz
Heute morgen. — Hast du in Berlin
das je gehört? — Sie sang, so schien
es mir, für mich, den Ringelnatz."

„Amüsemang" am Plötzensee

Wie dem auch sei, ob man sich von Charlottenburg über Jakob-Kaiser-Platz und Kurt-Schumacher-Damm oder von Moabit aus durch die Beusselstraße auf den Weg nach Plötzensee macht, auf beiden Strecken wird man gewahr, daß Berlins Geschichte nicht nur aus heiteren Kapiteln besteht.

Das ungefüge Steinkreuz an der Volksparkseite des Kurt-Schumacher-Dammes mit der lapidaren Inschrift „L. v. Hinkeldey † d. 10. Maerz 1856" haben Freunde einem Mann gesetzt, der von 1848 an mehr als sieben Jahre mit großen, äußeren Erfolgen, aber auch mit ungewöhnlicher Selbstherrlichkeit seines Amtes als Polizeipräsident von Berlin gewaltet hatte. Als er in der Jungfernheide im Duell gegen Hans von Rochow-Plessow gefallen war, erlebte man das seltene Beispiel, daß der zu Lebzeiten vom Volke gehaßte Hinckeldey bei seinem Begräbnis hoch geehrt wurde. Halb Berlin säumte die Straßen vom Molkenmarkt, dem Sitz des Polizeipräsidiums, bis zum Alten Nikolai- und Marienkirchhof am Prenzlauer Tor, und eine spontane Sammlung für die vermögenslos Hinterbliebenen erbrachte über 10 000 Taler.

Hinckeldey, den viele nur als einen unnachsichtigen Hüter des Gesetzes angesehen hatten, besaß in Wahrheit ein tiefes soziales Verständnis. So manche seiner Anordnungen zum Besten der Stadt hatte er erst nach harten Kämp-

Hinckeldey-Kreuz in der Jungfernheide, 1882

fen mit dem Magistrat und den Stadtverordneten, ja oft gegen ihren Willen durchsetzen müssen. Berlin verdankt Hinckeldey die Feuerwehr und das Wasserwerk, öffentliche Flußbade- und Waschanstalten, Speisehäuser für Unbemittelte und Gesindeherbergen. Ein noch überall sichtbares Denkmal für Hinckeldeys Wirken ist die ein Jahr vor seinem tragischen Tode von ihm eingeführte Anschlagsäule des Buchdruckers Ernst Litfaß aus der Adlerstraße, in der auch Fontanes „Frau Jenny Treibel“ zu Hause war.

Als Erinnerung und Mahnung an die in der Strafanstalt Plötzensee während der Jahre der Hitlerdiktatur 1933 bis 1945 wegen ihres Kampfes für Menschenrecht und politische Freiheit Hingerichteten erhebt sich seit 1952 zwischen den hohen Gefängnismauern am Hüttigpfad eine würdige Gedenkstätte, mit der Berlin auch die Millionen Opfer des Dritten Reiches ehrt, die wegen ihrer politischen Überzeugung, ihres religiösen Bekenntnisses oder ihrer rassischen Abstammung diffamiert, mißhandelt, ihrer Freiheit beraubt oder ermordet worden sind, wie es im Text der vom Regierenden Bürgermeister Ernst Reuter unterzeichneten Stiftungsurkunde heißt.

Die Strafanstalt Plötzensee konnte 1972 die Hundertjahrfeier ihrer Eröffnung begehen. Der in vier Jahren auf einer Fläche von 17 Hektar errichtete Baukomplex war für 1800 Gefangene und 400 Aufsichtsbeamte einschließlich ihrer Familienangehörigen bestimmt. Heute hat die Jugendstrafanstalt etwa 350 Insassen, und von den 180 Beamten wohnt nur noch ein Teil in den äußerlich nicht gerade freundlich anmutenden roten Backsteinkästen der Dienstwohnhäuser. Im Jubiläumsjahr sollten sie nicht mehr stehen, weil eine völlig neue „Plötze" projektiert war, die aber noch auf sich warten läßt.

Unsere Großvätergeneration hat sich um die Strafanstalt wenig gekümmert, für sie war Plötzensee das, was die Bewohner anderer Stadtteile in den „Zelten", am Spandauer und Tempelhofer Berg, am Friedrichshain oder wo sonst noch suchten und fanden: eine Stätte heiterer Volksbelustigung, die an den arbeitsfreien Sonntagen echten Schützenplatz-Trubel bot.

Es gab hier auch ein Schützenhaus der Moabiter Gilde am Nordufer, in dem sich jetzt — nach Um- und Neubau — ein Altenheim befindet. Dazu das „Restaurant zum Eisschlößchen", das im Winter als Rendezvous der Schlittschuhläufer bekannte und beliebte „Kaiserzelt", Ida Hoppes Kneipe in der Seestraße und das „Insel-Restaurant", das einmal dem Berliner Rummelkönig Adolf Rautmann gehörte, der für sich in Anspruch nahm, der einzig echte „Onkel Pelle" zu sein und als solcher unzählige Kinder erfreut hat.

Die Schwimmsportler kamen im Plötzensee auf ihre Kosten, wo man auch heute noch baden kann. Früher gab's da ein zweites Bad, die Militärschwimmanstalt. Das wußte auch der 57jährige Schuhmacher Wilhelm Voigt, der als „Hauptmann von Köpenick" nicht nur einen Platz in der Weltgeschichte fand, sondern auch die Literatur ungeheuer beflügelt hat. Bevor er am 10. Oktober 1906 sein Bravourstück begann, fing er in Plötzensee die Wachablösung der Militärschwimmanstalt ab und fuhr mit den Gardefüselieren vom Bahnhof Putlitzstraße gen Köpenick.

Die unbestrittene Nummer 1 unter den zahlreichen Plötzenseer Gartenlokalen, von denen noch der „Deutsche Kaiser“, der „Deutsche Kronprinz“ und der „Wiesengrund“ am Saatwinkler Damm genannt werden müssen, war „Carlshof“, das der Natureisproduzent Carl Thater 1896 im „Pfefferluch“ rund um seine künstlichen Teiche angelegt hatte und bis zu den dreißiger Jahren nacheinander von den Gastwirten Mönch, Wiemer und Lindner pachtweise bewirtschaften ließ. Hier gab es alles, was nun einmal zu einem berlinischen Sonntagsvergnügen gehörte: Kahnfahren und Eselreiten, lauschige Wandelgänge, Musikpavillons, Gartenhallen für's Kaffeekochen, Berg- und Talbahn, einen „Glaspalast“ und einen Aussichtsturm, der die Form des Heidelberger Fasses hatte.

Von alledem ist an „Thaters Privatweg“ nur Thaters Villa übrig geblieben. Des spätklassizistischen Stuckkleides beraubt und rostrot angestrichen, beherbergt sie den „Zwinger von Angelique“. Keineswegs eine Außenstelle der „Plötze“, vielmehr eine Zuchtstätte für Langhaardackel und Pudel.

Auf dem Gelände des „Carlshof“ breitete sich 1942 die sogenannte „Betonplatte“ aus, ein riesenhafter Fahrzeugabstellplatz des Baustabes Speer, der niemals fertig wurde und nun, nach den kaum behobenen Bombenschäden, einen sehr tristen Eindruck macht. Erfreulicher ist das, was sich auf der anderen Seite von Thaters Privatweg auf dem früheren Petroleumlager der in der Esso AG aufgegangenen Deutsch-Amerikanischen Petroleum-Gesellschaft tut. Hier entstand eine neue Industrieansiedlung, deren Bauten trotz ihrer sachlichen Zweckbestimmung harmonischer sind als die drei schrecklichen Mietkasernen von anno 1900 am Riedemannweg. Er gedenkt mit seinem Namen jenes großen Wirtschaftsführers, der den ersten deutschen Tanker baute und 1890 die Muttergesellschaft der Esso mitbegründete.

Der vom Plötzensee-Bummel ermüdete Wanderer kann am Riedemannweg zwischen den Gaststätten „Zum schwarzen Ferkel“ oder „Zum ollen Seemann“ wählen. Wer aber gut zu Fuß ist, wird den Saatwinkler Damm in Richtung Hinckeldeybrücke weitergehen und sich an den Resten der von Lenné am Kanalufer gepflanzten vierfachen Lindenallee erfreuen. Aber nicht mehr allzulange, weil die neuen Zufahrten zum Tegeler Flughafen ihren Tribut erfordern.

Die Jungfernheide, ein „Gottesgarten, wild und schön“

Mit dem Wohlstand ist auch das Ferienbudget gestiegen, und der Tourismus wuchs so ungeheuer an, daß er allein in West-Berlin über 300 Reisebüros florieren läßt. Als „älteste derartige Unternehmung in Deutschland“ hat sich das 1868 in der Mohrenstraße eröffnete „Carl Stangensche Reisebureau“ in seinen Prospekten bezeichnet, und mit diesem Anspruch ist es auch ins Lexikon eingegangen. Weltbekannt geworden, besteht es noch heute unter dem Namen „Hapag-Lloyd-Reisebüro“.

Über dieser Tatsache hat man vergessen, daß der Lehrer Carl Riesel bereits 1854 in Berlins Prachtstraße Unter den Linden das erste deutsche Reisebüro größeren Umfanges aufmachte. Riesel verkaufte schon die populär gewordenen Fahrscheinhefte, er unterhielt eine „Zentralauskunftstelle“ für die Nord- und Ostseebäder und war zudem auf seinem Fachgebiet literarisch tätig. Neben seinen „Verkehrsreiseblättern“ und dem in 15 000 Exemplaren kostenlos ausgegebenen „Hotelführer“ interessieren uns vor allem die 1869 herausgebrachten vier Bändchen seines Reisehandbuchs für das „romantische Spree- und Havelland“.

Eines dieser selten gewordenen Hefte ist der Jungfernheide gewidmet und empfiehlt sich als „zuverlässiger Führer durch alle Partien“ dieses Waldes, den die meisten von uns nur zu Gesicht bekommen, wenn sie auf der Bernauer Straße von Gartenfeld nach Tegel sausen. Wie reizvoll er

früher war, beweist auch, daß 1895 der „Touristenclub für die Mark Brandenburg" — als „Landesgeschichtliche Vereinigung" kennt man ihn heute — „durch Anbringung von Wegweisern dafür Sorge getragen hat, daß die Wanderungen durch das schöne und so nahe vor den Thoren Berlins gelegene Waldgebiet der Jungfernheide bequem und sicher ausgeführt werden können."
In jener Zeit reichte die Jungfernheide auch noch von Tegel bis Charlottenburg — der Volkspark ist ein Rest davon — und von Haselhorst bis zu den Rehbergen auf dem Wedding. Dieser Teil, vornehmlich das Gebiet zwischen dem Kurt-Schumacher-Damm und dem Plötzensee, verlor seinen Baumbestand erst nach 1918, als die frierende und hungernde Bevölkerung ihr Brennmaterial kurzerhand aus der Jungfernheide holte.

Der nicht für jeden erklärbare Name geht auf das 1239 von den brandenburgischen Markgrafen Johann I. und Otto III. errichtete Benediktiner-Nonnenkloster in Spandau zurück, von dem auch noch die Klosterstraße und die Nonnendammallee Kunde geben. Nach der Aufhebung des Klosters im Zuge der Reformation wurde die „Heide" der Spandauer „Jungfern" zum Waidrevier des jagd- und lebenslustigen Kurfürsten Joachim II., dem wir das Jagdschloß Grunewald verdanken.

Unter dem Soldatenkönig Friedrich Wilhelm I. war die Jungfernheide Hofjagdrevier. Wie reich der Wildbestand war, geht aus der Strecke der 1728 zu Ehren des sächsischen Kurfürsten und polnischen Königs Friedrich August (des Starken) veranstalteten Hofjagd hervor: 400 Stücke Damwild, 35 Wildschweine, 3 Frischlinge und zwei Füchse waren das beachtliche Tagesergebnis.

Mit ihren „Eichen und Kienen, auch etwas Buchen und Eisen" war die Jungfernheide ein dichter Wald recht ursprünglicher Natur, den der von Goethe in seinen „Musen und Grazien in der Mark" so unbarmherzig verspottete „Sandpoet", der Pfarrer Schmidt in Werneuchen, 1797 als „Gottesgarten, wild und schön" besang.

Wer heutzutage über den Kurt-Schumacher-Damm fährt, kann die große Tafel nicht übersehen, die vom Ausbau des Flughafens Tegel kündet. Bis 1974 ist ein riesiger sechseckiger Flugsteigstern entstanden, der in der Lage ist, fünf Millionen Fluggästen im Jahr zu dienen, diesen die Entfernungen zu verkürzen und die Grenzen verwischen zu lassen. Dem für die Lebensfähigkeit West-Berlins notwendigen Bauvorhaben mußte man die schon erheblich beanspruchten Jagen 29, 31, 32, 36 und 38 gänzlich opfern. Der zweite Bauabschnitt dürfte noch mehr des schönen Mischwaldes fordern, so daß man das sattsam bekannte Witzwort von der Jungfernheide künftig auf die „Heide" beschränken kann.

Die erste große Bresche in das geschlossene Waldgebiet hat man schon 1828 geschlagen, als der vom Alten Fritzen in Reinickendorf in der Gegend der Exerzier- und Granatenstraße angelegte Artillerieschießplatz auf Drängen des Berliner Magistrats in die fiskalische Jungfernheide verlegt wurde. Hundert Jahre lang diente sie dann dem Militär und der Polizei zu Gefechts- und Schießübungen mit scharfer Munition.

Das ging nicht immer gut ab, weil die laufend verbesserten Tragweiten der Geschütze bald über die Grenzen des Schießplatzes hinausreichten und sogar den Tegeler See gefährdeten. Man genierte sich nicht, in den Zeitungsanzeigen, die das Scharfschießen ankündigten, das offen zuzugeben. Der seit 1867 auf der Insel Scharfenberg ansässige Forschungsreisende und Botaniker Dr. Carl Bolle gab seinen Empfindungen in einem ellenlangen Gedicht „Zu nah dem Schießplatz" recht beredten Ausdruck:

„Wohl schien die Insel nachbarlos dem Blicke,
so hatte anfangs selber ich geglaubt
und fast gefreut mich an diesem Stücke.
Der Wahn ward leider mir zu bald geraubt,
als drübenher, fern aus der Jungfernheide,
die mächt'gen Kugeln mir gesaust ums Haupt.
Die Schiffsgeschosse in dem Gußstahlkleide,
blitzschwangre Bolzen, die vom Schießplatz
aus durch Luft und Wasser kamen, mir zum Leide."

Das lebensgefährliche Treiben der Artillerie wurde erst eingestellt, nachdem im Januar 1908 eine Granate das Märtens'sche Haus in Saatwinkel zerstört hatte. Menschenleben waren zum Glück nicht zu beklagen, weil die Bewohner kurz zuvor ihr Haus verlassen hatten. Das 1751 als Wohnsitz eines Holzwärters angelegte Saatwinkel war seit langem ein Dorado der Ausflügler, auf die eine Reihe früher gern besuchter Gartenlokale wartete. „Blumeshof" war wohl das bekannteste. Der leidenschaftlich für das Theater entflammte König Friedrich Wilhelm III. soll es dem Sänger Blume geschenkt haben, als dieser einmal wegen des Eisganges verhindert war, von seinem Landsitz auf der Insel Valentinswerder in die Oper zu kommen.

Von Saatwinkel aus kann man einen schönen Spaziergang am Ufer des inselreichen Tegeler Sees entlang machen und gelegentlich des Naturgenusses daran denken, daß inmitten der Jungfernheide Männer an einem Werk schufen, dessen Krönung wir jüngst mit den geglückten Mondlandungen der Raumschiffe erlebten. Auf dem Gelände des heutigen Flugplatzes übte nämlich ab 1930 der „Verein für Raumschiffahrt" mit ersten Flüssigkeitsraketen, die Her-

Schießübung in Tegel, 1880

mann Oberth, der „Vater der Weltraumfahrt“, konstruiert hatte. Bei diesen Experimenten half ihm ein sehr junger Mann, der nicht mehr Schüler, aber auch noch nicht Student, sondern Praktikant bei Borsig in Tegel war und den heute die ganze Welt kennt: Wernher von Braun.

Zitadelle und Juliusturm. Besuch in Spandau

Ein prominenter Berliner Bürger, der 1969 anläßlich seines 200. Geburtstages durch Vorträge, Ausstellungen und eine Sondermarke der Landespostdirektion gefeiert wurde, hat einmal gesagt: „Die merkwürdigsten Dinge haben desto weniger Reiz für uns, je näher sie uns sind, und ich kannte Schaffhauser, welche den Rheinfall niemals in der Nähe gesehen hatten.“ Alexander von Humboldt war es, der dieses feststellte. Er hätte es auch auf die Berliner und die Zitadelle in Spandau anwenden können; denn — Hand aufs Herz — haben Sie dieses geschichtsträchtige Bauwerk schon einmal besucht?

Die Spandauer selbst sind als Bürger einer „freien selbständigen Stadtrepublik“, wie Ernst Reuter die alte Havelstadt kennzeichnete, recht stolz auf dieses anschauliche Beispiel einer Festung des 16. Jahrhunderts, die im „Baedeker“ als besondere Attraktion hervorgehoben ist. Zur Entschuldigung der vielen, die sie noch nicht besuchten, sei gesagt, daß die Zitadelle gar nicht so leicht zu finden ist, weil sie sich hinter einer üppigen Baumkulisse verbirgt. Das war natürlich nicht immer so. Ältere Berliner wissen es — und alte Ansichten können es bestätigen —, daß die Zitadelle noch vor sechzig, siebzig Jahren völlig kahl dalag. Und das mußte sie auch, schließlich war sie eine militärische Anlage. Nicht auszudenken, was geschehen wäre, wenn sich ein Wagemutiger im Schutze der Bäume etwa an den Juliusturm herangeschlichen hätte.

Dieses Spandauer Wahrzeichen, das nach Fontane „Märchen und Sagen bis Römerzeiten rückwärts tragen“, ist zu einem Begriff geworden, der selbst in den Etatdebatten des Bundestages noch eine rhetorische Rolle spielte. Hinter

Zitadelle und Juliusturm, 1880

den drei Meter dicken, durch eine 3000 Kilogramm schwere Tresortür gesicherten Backsteinmauern lagerten nämlich von 1874 bis 1919 120 Millionen Mark gemünzten Goldes. Das 1871 von Wilhelm I., „von Gottes Gnaden Deutscher Kaiser, König von Preußen etc.", erlassene „Gesetz betreffend die Bildung eines Reichskriegsschatzes" hatte die Anhäufung dieses Nibelungenhorts moderner Art veranlaßt. Als 1914 nun wirklich der Krieg ausbrach, stellte man fest, daß die 120 Millionen Goldmark gerade für den Mobilmachungstag reichen würden. Man ließ sie darum im Juliusturm, aus dem sie nach Kriegsende wahrscheinlich wieder in ihr Heimatland zurückwanderten. Aus der französischen Kriegsentschädigung von 1870/71 war das Gold gekommen und dorthin ist es als Reparationszahlung wieder gelangt. Ganz genau wissen wir das jedoch nicht. Dagegen sind wir über die Baugeschichte des Juliusturms besser unterrichtet. Die traditionsbewußten Spandauer

sehen ihn als den Bergfried der askanischen Wasserburg des 12. Jahrhunderts an und bringen ihn mit Albrecht dem Bären in Verbindung. Diese Burg hat es hier sicherlich gegeben, doch stecken ihre Reste tief im Boden und harren des Spatens der Ausgräber vom Museum für Vor- und Frühgeschichte, das eine derartige Unternehmung für die nächsten Jahre auf sein Programm gesetzt hat.
Der als Wachtturm und letzte Zufluchtsstätte der Burg bei Kriegsgefahr gedachte Juliusturm ist frühestens Anfang des 14. Jahrhunderts errichtet worden, wie seine baugeschichtliche Untersuchung anläßlich der Umwandlung zum Aussichtsturm vor einigen Jahren ergab. Damit ist er nicht nur das älteste erhaltene Gemäuer auf der Zitadelle, sondern auch das älteste profane Bauwerk Berlins, was letzten Endes dem Spandauer Lokalstolz genügen sollte.
Der seit 1402 urkundlich bezeugte Name Juliusturm ist aus „Judenturm“ umgebildet. Fünfzig Jahre zuvor hatte der brandenburgische Markgraf Ludwig der Römer „das Thurm-Amt zu Spandow mit allen seinen Nuzen, Früchten, Ehren, Gemachen, Renten und Gerechtigkeiten in Münze und Mühlen“ seinem Kammerknecht, dem Juden Frizen, verliehen; 1386 wird der „Juden Thurm“ in der Kämmereirechnung erwähnt. Aus neuesten Forschungsergebnissen ist bekannt, daß im Mittelalter die Judenschaften vieler Städte unmittelbar dem Landesherrn unterstanden und als „des Heiligen Reiches Kammerknechte“ gewisse Privilegien genossen haben.
In den flickenreichen spätgotischen Ziegelwänden des sogenannten „Palas“ neben dem Juliusturm, dem um 1520 errichteten Hauptwohngebäude der alten Kurfürstenburg, stecken ungefüge Findlingssteine mit hebräischen Inschriften, die für die meisten Besucher rätselhaft bleiben, weil die notwendigen Erläuterungen fehlen. Es sind Grabsteine des 13./14. Jahrhunderts vom alten Spandauer Judenfriedhof, der 1510 während der damals überall in Deutschland grassierenden Judenverfolgungen unbarmherzig verwüstet wurde.
Der Palas birgt ein ansehenswertes Heimatmuseum. In ihm wird unter der originellen Devise „Persönlichkeiten, die in Spandau geboren, gelebt, gefangen, gewirkt, gestorben“

auch unseres unvergessenen „Paule" Simmel gedacht, der in Spandau zur Welt kam. Auch des freiheitlich gesonnenen Studenten Karl Schurz, der seinen Freund und Lehrer Kinkel auf sensationelle Art, die einen spannenden Fernseh-Krimi abgeben könnte, aus dem Spandauer Zuchthaus befreit hatte und später bis zum Innenminister der USA aufstieg.

Doch wir wollen weiter über die aussichtsreichen Kurtinen — so heißen die Wälle zwischen den vier Eckbastionen — bummeln und das betrachten, was Rochus Graf zu Lynar in den Jahren 1560 bis 1594 unter Mithilfe von 200 italienischen „Gastarbeitern" und heimischen Handwerkern zum Schutze Berlins als Landesfestung auftürmte. Allseitig von Wasser umgeben, liegt die Zitadelle gleich einem Riesenstern auf einer 40 000 Quadratmeter großen Insel mit unterschiedlichem Boden, der 1879 zum Zwecke der Trinkwasserversorgung fast 500 Meter tief erbohrt wurde. Für die geologische Forschung war es bedeutsam, daß man in 350 Metern Tiefe auf zwei schmale Schichten festen Gesteins traf, die sich als zu Kalksandstein erhärtete Austernbänke eines tertiären Meeres erwiesen.

Auch in der Bastion König kann man in die Tiefe steigen und in den engen Stollen der in zwei Geschossen übereinander aufgebauten Minengänge und Feuergalerien fortifikatorische Studien treiben oder sich an den niedrigen Gewölben den Kopf einrennen.

Im baumbestandenen Zitadellenhof und auf den Wällen sind einige Überbleibsel der Siegesallee aufgestellt, die von den Berlinern beharrlich „Puppenallee" oder „Marmorameer" genannt wurde, was S. M. keineswegs erfreute. Kaiser Wilhelm II. hatte sie 1895 „als Zeichen Meiner Anerkennung für die Stadt und zur Erinnerung an die ruhmreiche Vergangenheit unseres Vaterlandes" gestiftet und sie als „bleibenden Ehrenschmuck für Meine Haupt- und Residenzstadt Berlin" gepriesen. Im Halbdunkel des Großen Pulvermagazins findet man noch mehr derartige Relikte des bombenzertrümmerten alten Berlins. So auch die Büste des Grafen Lynar, der man zu Ehren des eigentlichen Schöpfers der Zitadelle einen besseren Platz im Hof neben dem Palas geben sollte.

Idyllische Gartenstadt und drohendes Fort

Die Spaltung unserer Stadt ist eine allgemein bekannte, bedauerliche Tatsache, die uns angesichts der Mauer immer wieder in ihrer ganzen Tragik bewußt wird. Darüber vergißt man zumeist, daß auch der Spandauer Ortsteil Staaken das gleiche Schicksal erfahren hat. Durch einen Kontrollratsbeschluß vom August 1945 wurde der westliche Teil Staakens im Austausch gegen die für den Flughafen Gatow benötigten Flächen unter die Befehlsgewalt der Sowjets gestellt. Dennoch blieb das von rund 5000 Berlinern bewohnte Gebiet beim heimatlichen Bezirk Spandau, bis es am 1. Februar 1951 ohne vorherige Ankündigung besetzt wurde. Seitdem gehört West-Staaken mit der Kolonie Albrechtshof, der Eigenheimsiedlung der Siemens-Werke und dem alten Dorf zum osthavelländischen Kreis Nauen.

Bei West-Berlin verblieb aber die in die deutsche Architekturgeschichte aufgenommene „Gartenstadt" mit ihren so altertümlich und romantisch anmutenden Häusern. Der berühmte Soziologe Franz Oppenheimer beschrieb sie kurz nach ihrem Enstehen: „Wie ein Städtchen Frankens aus jener besseren Zeit, da der Mensch noch Bürger und keine Nummer war, steht sie in fremdartiger Lieblichkeit mitten zwischen den greulichen Baukasten-Klotzhaufen, den lieblosen, von Gott verlassenen Nutzquartieren der Umgebung."

Als Folge der 1903 begonnenen Entfestigung der Havelstadt Spandau war die Zahl ihrer Einwohner, die 1893 erst 50 000 betrug, bis 1912 rasch auf mehr als 90 000 gestiegen. Trotz reger Bautätigkeit gab es aber für die Arbeiter der „Königlichen Werkstätten" — Gewehr- und Pulverfabrik, Feuerwerklaboratorium, Geschützgießerei und Artilleriewerkstatt — keine Wohnungen, weil die Hausbesitzer an den einkommenschwachen Arbeitern nicht interessiert waren. Den sozialen Wohnungsbau kannte jene Zeit noch nicht.

Eine Beschwerde der Spandauer Rüstungsarbeiter beim preußischen Innenminister führte dann zur Gründung der Gartenstadt. Das Reichsamt des Innern erwarb für 700 000 Mark ein 360 000 Quadratmeter großes Ackerland und übergab davon eine 250 000 Quadratmeter messende Fläche der neugegründeten Baugenossenschaft auf die üblichen 99 Jahre in Erbpacht. Den Bebauungsplan und die Entwürfe für die einzelnen Hausgruppen schuf der Siedlungsarchitekt des Reichsamtes, Paul Schmitthenner, ein gebürtiger Elsässer, der später in langjähriger Lehrtätigkeit an der Technischen Hochschule Stuttgart einen weithin bekannten Namen erlangte.

Schmitthenner nahm die von der Deutschen Gartenstadt-Gesellschaft seit 1902 verfochtenen Siedlungsideale des Engländers Howard auf und übersetzte sie in bewußter Reaktion auf die großstädtische Mietkaserne in eine idyllische „Heimat für Seßhafte zur leiblichen und sittlichen Gesundung". Die verschiedenen Haus- und Wohnformen — Etagenwohnungen, Einfamilienreihenhäuser, Doppelhäuser von ein bis höchstens drei Geschossen — sind in ländlich-kleinstädtischer Weise auf die mit Stall- und Wirtschaftsgebäuden versehenen Gärten ausgerichtet. Durch den Kriegsausbruch verzögert, wurden die ersten Wohnungen im Dezember 1914 fertig. Bis 1917 waren 804 Wohnungen in 300 Ein- und 150 Mehrfamilienhäusern bezogen, zu denen in den zwanziger Jahren noch 162 Wohnungen kamen.

Zwischen den Giebeln in Staaken, 1965

Die Giebelhäuschen am Heidebergplan, dem Marktplatz und Zentrum der Gartenstadt, oder in dem Sträßchen „Zwischen den Giebeln“ erinnern weniger an Franken als an die Bauweise der norddeutschen Hansestädte. Schmitthenner gab ihnen „höchste Gefälligkeit mit praktischer Durchführung des Grundrisses“. Für die mehr in die Großstadt passende, viel zu breit angelegte Straße „Torweg“ konnte er nichts, die hatte ihm die örtlich zuständige Aufsichtsbehörde, der Landrat in Nauen, vorgeschrieben.

Der Finkenkruger Weg und der Nennhauser Damm bilden die Grenzlinie zwischen Ost und West. Trotz der abgerückten Mauer ist inmitten der Straße noch immer die eigentliche Katastergrenze durch eine Fähnchenlinie markiert. Vom hochgelegenen Straßendamm schweift der Blick weit hinaus ins Havelland. Hinweg über den wieder betriebenen Flugplatz Staaken, auf dem sich im November 1928 die Berliner zu Zehntausenden versammelt hatten, um dem von seiner Amerikafahrt zurückgekehrten Luftschiff „Graf Zeppelin“ zuzujubeln.

Dort, wo der Brunsbütteler Damm auf den Nennhauser Damm stößt, kann man sich der Staakener Dorfkirche auf 10 Schritte nähern. Sie ist eine der wenigen ihrer in Berlin und Umgebung erfreulich zahlreichen Art, von der genaue Bauzeiten bekannt sind. Nach dem Dorfbrand von 1433 wurde sie 1436 bis 1438 errichtet; 1729 erhielt sie für 72 Taler die (1901 erneuerte) Uhr, weil man „von langen Jahren her auf eine Kirchenuhr zur Bequemlichkeit der Einwohner und auch der Reisenden, weil hier eine starke Passage ist, bedacht gewesen“. Schließlich führte die alte Straße von Berlin nach Hamburg über Staaken. Der Kirchturm ist vor kurzem repariert worden. Vielleicht hat man dabei in der Turmkugel noch die Niederschrift gefunden vom Turmbau 1837 mit den Namen der „Jungfrauen, die den Knopf, die Fahne und den Stern trugen“: Luise Christine Euphrosine Neumann, Charlotte Wilhelmine Nickel, Maria Dorothea Euen und die Schulzentochter Charlotte Wilhelmine Bartel.

Das Dorf Staaken umzieht nicht nur der ostzonale Stacheldraht, sondern auch der Bullengraben, der im weiteren Verlauf quer durch die Hochhaussiedlung am Magistratsweg in den Burgwallgraben und damit in die Havel mündet. Er ist noch ländlich-ursprünglich und läßt mich an ein Gedicht des 1912 beim Eislauf auf dem Wannsee ertrunkenen Lyrikers Georg Heym denken:

„Am Wassergraben, im Wiesenland
steht ein Weidenbaum, alt und zerrissen,
vom Blitze hohl und vom Sturm zerbissen.
Nesseln und Dorn umsteh'n ihn in schwarzer Wand."

Die weiten Wiesenflächen bis hin zur Heerstraße sollen trotz der bedrohlich nahe gerückten neuen Wohnsiedlungen auch künftig frei bleiben und landwirtschaftlich genutzt werden. Ein Teil von ihnen hat einer Nebenerwerbssiedlung von Gärtnern aus Kreisen der Ostflüchtlinge und Heimatvertriebenen Platz gemacht, die in ansprechenden Bungalows neben großen Treibhäusern wohnen. Gärtnereiring heißt ihre unmittelbar neben der Kontrollstelle Heerstraße angelegte private Wohnstraße und Verkehrsader. Sie mündet in die Bergstraße, die ihren Namen von dem südlich hinter der Grenze 66 Meter hoch aufragenden Hahneberg erhielt. Hier lag das erst 1882 bis 1886 als letztes und neuestes Bauwerk der Spandauer Befestigung nach dem sogenannten neupreußischen System konstruierte Fort Hahneberg, das erst zu bemerken war, wenn man in den sieben Meter tiefen Gräben lag. Es war nämlich in der Erde versteckt.

Im Hahneberg war die schamhaft „Disziplinarabteilung" genannte Strafkompanie des Gardekorps untergebracht, und 1923 spielte das Fort als Standort von Teilen der „Schwarzen Reichswehr" eine politische Rolle. Von den zu seinem Bau verwendeten 23 Millionen „besten Birkenwerderer Backsteinen" ist kaum einer übrig geblieben. Sie wurden in den Jahren nach 1945 im Zuge der Bodenreform für die Neubauten der Kleinbauern friedlichen Zwecken zugeführt.

Kladow — spät entdeckte Sommerfrische

Die Kladower haben noch einmal Glück gehabt, daß ein findiger Journalist die alte, längst vergessene Urkunde von 1267 wieder ausgrub und so 1967 die 700-Jahr-Feier ermöglichte. Man hätte sonst bis zum Jahre 2013 mit dem Feiern warten müssen, weil die allgemein als älteste Erwähnung des Spandauer Ortsteils angesehene Urkunde, in der ein „Pleban Johann in Clodow" als Mitglied der Spandauer Kalandbrüderschaft genannt wird, erst von 1313 datiert.

Auch der belesene Sprachforscher Reinhold Trautmann wußte schon von der Urkunde des Jahres 1267. Er hat in seinem Buch über die elb- und ostseeslawischen Ortsnamen die älteste Namensform „Clodow" auf das slawische Wort „Kloda" für Klotz oder Baumstamm zurückgeführt und es auf die alte, allen Slawen wohlvertraute Wald- und Rodearbeit bezogen. Die Kladower jedoch meinen, der Ort heiße so, weil die Havelschiffer hier früher die Masten für ihre Segelzillen holten. Doch daran ist kaum zu denken. Die einzigen Schiffe, die vor dem Erwachen des Ausflugsverkehrs in Kladow anlegten, waren Lastkähne mit Ziegelton aus Ketzin, der in der 1846 gegründeten und kurz nach der Jahrhundertwende aufgelassenen Ziegelei am Schwemmhorn verarbeitet wurde. Heute liegt an dem idyllischen Uferplätzchen die Zollgrenzkontrollstelle West der Interzonenschiffahrt neben Villen, die einst dem „Erbauer des Neuen Berlins", Heinrich Mendelssohn, und dem bekannten Architekten Albert Gessner gehörten.

Diese Landhäuser sind Errungenschaften der Jahre kurz vor oder nach dem Ersten Weltkriege, als die „schönen Ufer des freundlichen Haveldorfs sich dem Ansturm des neuen Reichtums kaum noch erwehren konnten", wie ein Berlin-Chronist der zwanziger Jahre schrieb, der auch die „weit sich erstreckenden fruchtbaren Ackerfelder" besonderer Erwähnung für wert hielt.

Die Einheimischen waren in dieser Hinsicht anderer Meinung, und sie mußten es auch besser wissen, weil sie nahezu alle in der Landwirtschaft tätig waren. Noch 1899 berichtete Kladows Gemeindevorsteher dem Landrat des Kreises Osthavelland in Nauen: Der Boden der Gemarkung sei „fast durchschnittlich Sandboden und liefert derselbe bei guter Behandlung und wenn günstige Witterungsverhältnisse sind, einen mittleren Ernteertrag". Damals gab es in Kladow noch 80 Pferde und 175 Kühe.

Ein paar Jahre zuvor war Kladow vom Fremdenverkehr entdeckt worden. Das geht aus Kießlings „Märkischen Sommerfrischen" hervor: „Trotz der mangelhaften Verbindungen wurde das reizend am rechten Havelufer gelegene, noch völlig ländliche Dorf (600 Einwohner) 1892 von etwa 60, zum Teil den besseren Ständen angehörenden Sommerfrischlern aufgesucht. Gastwirt Brüning, Gartenlokal im oberen Dorfe, und Hermann an der Havel haben zusammen 12 Zimmer und Mittagstisch von 60 Pfg. an; außerdem geben einige Bauern und Büdner Zimmer ohne Betten zu 1 M ab."

Daß sich seitdem in Kladow viel geändert hat, braucht man einem Berliner nicht zu erzählen. Unter den 7000 Einwohnern von heute, die alle Ackerfluren weithin mit Einzelwohnhäusern besetzt haben, befinden sich auch prominente Leute und ausgesprochene Individualisten, was man gelegentlich ihrem Hause oder dem Garten ansieht. Besonders dem zu Schiff nach Kladow Kommenden fallen zwei pompöse Villen hoch über dem steilen Havelufer auf, die jetzt den beiden Konfessionen gehören. Das Haus zur Linken — mit seinem barocken Figurenschmuck (aus dem Würzburger Kunsthandel) täuscht es ein Klein-Sanssouci vor — wurde einmal von Hans Albers, aber auch von der Frau des Propagandaministers Goebbels bewohnt. Der rotgieblige Bau rechts daneben war das Heim einer Buchdruckerfamilie, deren Bilderbogen — „Neuruppin, zu haben bei Gustav Kühn" — einst über die Welt gingen und heute von Museen und privaten Sammlern heiß begehrt sind. Vor dem Kriege versammelte hier der Ägypter Mustapha während des Sommers die Gäste seiner Ciro-Bar in der Rankestraße in einem aussichtsreichen Terrassenrestaurant, das jetzt den St. Hedwigs-Schwestern als Kinderheim dient.

Die um 1900 zur „Hebung des Ortes“ angelegte Imchenallee erinnert mich immer an die Uferpromenade in Langenargen am Bodensee — den Blick auf den schneeglänzenden Säntis kann unser Schäferberg allerdings nur unvollkommen ersetzen. Und rückwärts stört doch sehr die Wohnwagenkolonie, die neuerdings den Garten eines Sommerlokals von Ruf besetzt hat. Vielleicht ist das gastronomische Angebot unserer Tage doch zu vielfältig geworden. Im Landbuch des Kaisers Karl IV. vom Jahre 1375 wurde mit den Worten „Ibi non est taberna“ ausdrücklich das Fehlen des sonst auf den Dörfern üblichen Kruges hervorgehoben. So ändern sich die Zeiten.

Die Imchenallee ist aber im nördlichen Verlauf mit dem grünen Baldachin ihrer Lindenreihen und der sie fortsetzenden Straße 179 noch immer das Entzücken der Fußgänger, denen der einstige Golfplatz des Margarinekönigs van den Bergh willkommenen Auslauf bietet, während die Autofahrer auf der holprigen Straße um ihren Wagen bangen. Sie ist ja auch nicht als Durchgangsstraße gedacht, sondern soll Zufahrt zum alten Lehnschulzengut Neu-Kladow sein.

In den Tagen des Großen Kurfürsten, als der Alchimist Johann Kunckel auf der Pfaueninsel Gold herstellen wollte und statt dessen das Rubinglas erfand, hat es diesem oft verkannten Mann gehört. Später, um 1800, war es in Erbpacht des Geheimen Kabinettrats Mencken. Seine Tochter Wilhelmine Luise wurde die Mutter Bismarcks, dessen Marmorkopf bis 1949 von der Grünanlage vor dem Bahnhof Wannsee also nicht ohne Grund nach Kladow hinüberblickte.

Am Hauptbau des Müttergenesungsheims der Arbeiterwohlfahrt, die das 90 Morgen große Besitztum vom Bund gepachtet hat, erinnert eine Tafel an die 1800 bis 1806 hier wohnende Luise Mencken. Doch die Erinnerung an die eigentlichen Schöpfer des Schlößchens und des verwunschenen Parks ist ausgelöscht und nur noch zwischen Buchdeckeln zu finden.

Es waren der durch Zement, Mörtel und Kalksandstein reich gewordene Robert Guthmann und sein Sohn Johannes, „der Dichter, der von der Kunsthistorie herkam und der nun seine beiden Berufe hier verband, um sichtbare Kunst zu dichten“. Das stellte Wolfgang Goetz fest, als er hier genossener Gastfreundschaft gedachte. Die Kunstgeschichte wird Johannes Guthmann immer dafür Dank zollen, daß er im Sommer 1911 den besuchsweise in Neu-Kladow weilenden Max Slevogt dazu inspirierte, die Wände und Decke eines offenen Pavillons in leichter Improvisation mit jenen bezaubernden Fresken zu schmükken, die 1924 in die Neue Abteilung der Nationalgalerie im Kronprinzenpalais kamen und dort im Bombenhagel untergingen.

Mencken-Haus in Neu-Kladow, 1928

Tanzvergnügen „bei Schramms" am Wilmersdorfer See

Da ist man nun kreuz und quer durch Berlin gebummelt, von einer Kante zur anderen, aber über den Bezirk, in dem man seit fünfzig Jahren wohnt, hat man noch nichts erzählt. Höchste Zeit, dieses Versäumnis nachzuholen.

Ausgangspunkt unseres Bummels durch Wilmersdorf ist der große Granitblock aus dem Fichtelgebirge, der in der Wilhelmsaue nahe der Mehlitzstraße steht. Im Jahre 1956, als Wilmersdorf sein fünfzigjähriges Bestehen als „Stadt" feiern konnte, wurde der frühere Schlageter-Gedenkstein „umfunktioniert" und mit einer Bronzetafel versehen, deren Text lautet: „Du befindest dich hier auf der ehemaligen Dorfaue im ältesten Teil unseres Bezirks. Um 1750 gaben Bauerngehöfte, umschlossen von Feldern, Wiesen und Seen, Alt-Wilmersdorf das Gepräge."

Der Plural „Seen" ist unberechtigt; denn es gab hier nur einen. Den Wilmersdorfer See, der 1912 noch eine 38 000 Quadratmeter große Wasserfläche war, die aber mehr und mehr verlandete. Nach dem Ersten Weltkrieg hat man das Gewässer zugeschüttet und in den „Volkspark" umgewandelt. Die immer wieder absackenden Rasenflächen erinnern noch daran, daß sie über unergründlichem Fenngelände liegen, das auch die Anlegung der geplanten Strelitzschen Straße im westlichen „Talfenn" und die Durchlegung der Mannheimer Straße bis zur Brabanter Straße verhindert hat.

Unter den älteren Berlinern gibt es noch viele, die sich in „Schramms Seebad Wilmersdorf" freigeschwommen haben, und weitaus mehr erinnern sich des berühmten Ausflugslokals, in dem mehrmals in der Woche — vom Sonntag ganz abgesehen — große Tanzvergnügen veranstaltet wurden. Am Ufer des Sees, auf dem man Kahn fahren konnte, standen Würfelbuden und Karussels. Schießbuden und Luftschaukeln. Eine großartige Lampionpolonaise bildete den glanzvollen Abschluß der Sommerabende „bei Schramms". Hier tanzte man Walzer, Rheinländer und Polka, selbstverständlich auch Quadrille und Contre, die ein schneidiger Tanzmeister im Frack

Anzeige aus dem Jahre 1909

kommandierte. Mitten im Tanz wurde die Musik unterbrochen, und dann mußten die Herren „eenen Groschen die Tour" zahlen. Wer fünfzig Pfennige gab, erhielt ein rotes Bändchen ins Knopfloch und war dann den ganzen Abend von weiteren Zahlungen befreit. Die Laubengänge des baumbestandenen Gastgartens waren das Dorado der Liebespaare, doch Punkt zwölf war das Vergnügen aus Max Kretzer hat es im „Millionenbauer" und Georg Hermann in seinem „Kubinke" farbenreich und stimmungsvoll geschildert.

Georg Hermann, der vor siebzig Jahren durch seinen Roman „Jettchen Gebert" über Nacht zum Autor wurde, den ganz Deutschland kannte und der heute leider so gut wie vergessen ist, war gebürtiger Wilmersdorfer und hat von dem zur Jahrhundertwende noch recht ländlichen Ort eine poetische Beschreibung überliefert:

„Da waren da nur Gräben und Feldraine, Weidenalleen und Buschketten, Wiesen, Kartoffeläcker und Mohrrübenfelder; und der Sonnenbruder kletterte zur Nacht an eingeschlagenen rostigen Nägeln auf den Weidenbaum. Und wo jetzt die Straßenbahnen bis nachts um drei entlang brausen, da lag der schöne alte Feldweg mit seinen tiefen Gleisen, ganz einsam, und rechts und links standen mit den kurzen, dicken, gewundenen Stämmen die Bäume, morsch, rissig, gekröpft, mit großen runden Büscheln grüner Gerten. Ganz in Nesseln standen sie — man könnte sagen, sie standen bis zur Brust in diese Nesseln gedrückt. In ihren Rissen und Höhlungen nisteten Fink und Bachstelze; und ganz in der Nähe zog der alte Graben vorüber, überall von Gestrüpp umrahmt, das mit Hopfen umflochten, schwer und üppig ausschaute, und das sich mit Fenchel, Schilf und Schierling zu dem schwarzen, schleppenden Wasser neigte. Im Frühjahr waren die Wiesen gelb von Dotterblumen, dann wurden sie weiß und rot von Schaumkraut und Bachnelken; dann färbten sie sich braun von Ampfer, und dann wurden sie getupft von den stachligen Köpfen der Karden und Disteln. Hunderte von Schmetterlingen tummelten sich hier, wo der Wind heute nur noch Papierfetzen den Asphalt hinabtreibt. Mit großen Streifen über den Flügeln saßen die Admiräle an der sonnenbeschienenen Rinde. Und die Jungen liefen mit bloßen Füßen hinter den Kohlweißlingen her, quer durch die Wiesen, schlugen mit der Jacke nach ihnen und sangen dazu: Kalitte, Kalitte setze dir, ick jebe dir auch Brot und Bier. Brot und Bier, det jeb' ick dir, Kalitte, Kalitte setze dir."

Alles vorbei. Nur die alten Bäume der Wilhelmsaue erinnern an die vergangene Pracht. Auch ein und der andere mächtige Baum im Schoelerpark kündet noch von der Naturliebe früherer Besitzer dieses Geländes, das einst an das Seeufer grenzte. Das sogenannte Schoelerschlößchen ist zwar das älteste Haus Wilmersdorfs — es entstand

1752 als Hauptgebäude einer Seidenbauplantage —, wurde aber durch die Aufstockung von 1935 und die noch immer nicht behobenen Kriegsschäden des Mansardendaches völlig um sein harmonisches Aussehen gebracht.

Den Namen empfing es von dem Augenarzt Heinrich Schoeler, der es 1893 erworben hatte. Ebenso unsterblich wie die Fabel, Schoeler hätte seine Besitzung der Stadt Wilmersdorf geschenkt (was nicht zutrifft), scheint die immer wieder erzählte Anekdote von der Madame Dutitre zu sein. Dieses stadtbekannte Original aus dem Berlin der Biedermeierzeit soll die von ihrem Schwiegersohn Benecke zu einer „Party" eingeladenen Gäste vor dem Hause mit den Worten empfangen haben: „Denken Sie bloß, ick bin nich eingeladen", womit sie erreichte, daß man sie schließlich hereinholte. Ein Bankier Benecke war wohl in den Jahren 1802 bis 1826 Besitzer des späteren Schoelerschlößchen, nur handelt es sich nicht um den Schwiegersohn der Madame Dutitre, sondern um einen entfernten Verwandten.

Damals war Wilmersdorf in Berlin bekannt durch seine großen Schafherden. Die gute Schafmilch wurde viel getrunken, und Hunderte pilgerten in jener Zeit durch die sandigen Landstriche, auf denen heute vielstöckige Mietkasernen stehen, hinaus nach Wilmersdorf, um dort bei Schafmilch und Brot mit Schafkäse ähnlich frohe Stunden zu verleben, wie ihre Enkel später „bei Schramms". Der Schauplatz war das Wilmersdorfer Rittergut, aus dem dann der „Victoriagarten" wurde, über den jetzt die neue Straßenverbindung von der Uhlandstraße zur Mecklenburgischen Straße führt. Um ihre Verbreiterung zwischen Berliner Straße und Wilhelmsaue wurde über ein Jahrzehnt lang mit einem hartnäckigen Hausbesitzer gerungen. Vor 80 Jahren, als man die Uhlandstraße zur Wilhelmsaue durchbrach, ging das leichter vonstatten. Der frühere Gemeindeschulze Willmann räumte kurzerhand seinen sowieso nicht mehr zeitgemäßen Bauernhof und zog sich mit dem nicht unbeträchtlichen Kaufgeld und dem schon vorher durch Landverkäufe erworbenen Reichtum als „Rentier" nach Charlottenburg zurück.

Besonders geistvoll ist der Text gerade nicht, aber dank seiner gefälligen Rheinländer-Melodie wird er immer wieder gesungen und gespielt: „Im Grunewald, im Grunewald ist Holzauktion. Links um die Ecke rum, rechts um die Ecke rum, überall ist große Holzauktion.“ Als ein gewisser Otto Teich vor über 75 Jahren den unsterblich gewordenen Gassenhauer aus der Taufe hob, wat Berlins populärster Wald noch 4 400 Hektar, also reichlich 17 000 Morgen groß. Aus dem Couplet klingt aber schon die Sorge über seine erheblichen Einbußen. Die Fläche des Grunewaldes hatte 1881 noch tausend Morgen mehr betragen, die für die Anlegung der den Wald durchschneidenden Wetzlarer Eisenbahn und der Villenkolonie Grunewald geopfert werden mußten.

Zur Geburtszeit der „Holzauktion“ erstreckte sich der Grunewald noch von Ruhleben im Norden bis Beelitzhof im Süden und in östlicher Richtung bis zum Lietzensee („wo beim Förster Letz im Charlottenburger Forsthaus unter freundlicher Bedienung Erfrischungen verabreicht werden und in der Woche oft ein gewähltes Publikum zu Gast ist“) und bis Schmargendorf. Hier lag seine Grenze an der Hundekehlestraße, und diese war südlich ebenso wie die Westseite der Warnemünder Straße seit 1848 durch ein festes Wildgatter abgeschirmt, das nur am Roseneck und am Wilden Eber Einlaß in das grüne Revier gewährte.

An schönen Sommersonntagen, wenn die Berliner in den früher üblichen, unübersehbaren Scharen in „ihren“ Grunewald strömten, verdienten sich die Kriegsinvaliden von 1870/71 — als „freiwillige Steuererheber“ ähnlich wie die Parkwächter von heute offiziell nicht genehmigt, aber stillschweigend geduldet — durch das Öffnen und Schließen der Gattertore ein willkommenes Trinkgeld.

„Ein zauberhaftes Waldland, dessen Charakter nicht einmal durch die überflüssige Straße verunstaltet wird“ sagte ein 24jähriger Student von seiner 1899 bezogenen Wahlheimat am Rande des Grunewaldes, der noch ein viele

Stunden tiefer Forst war voll heimlicher Moore und uralter Eichen. Rainer Maria Rilke hieß dieser Student, der in der 1910 durch eine Mietkaserne verdrängten „Villa Waldfrieden“, Hundekehlestraße 11, beim Maurerpolier Müller wohnte und hier im prosaischen Schmargendorf — „Eene Jasanstalt und een Feld mit Torf, det is Schmargendorf“ spotteten wir als Schuljungen — mit dem „Stundenbuch“, dem „Buch der Bilder“ und dem „Cornet“ Werke schuf, in denen sein Stil besonders anklingt; sie haben Rilke den Platz in der Weltliteratur gesichert.

Zu jener Zeit lautete die amtliche Bezeichnung des Grunewaldes noch „Spandauer Forst“, was den Magistrat von Spandau einmal veranlaßte, das Eigentum am Walde dem Forstfiskus streitig zu machen und für die Havelstadt zu reklamieren. Ebenso gut hätte das rübenberühmte Städtchen Teltow ihn beanspruchen können; denn im 15. Jahrhundert hieß er noch „Teltowsche Heide“.

Die Umbenennung in „Grunewald-Forst“ erfolgte im Jahre 1903, in dem auch die letzte der seit 1828 regelmäßig in den Monaten Oktober bis Dezember veranstalteten Parforcejagden abgehalten wurde. Die Berliner Reiterwelt hat den alten Brauch wieder aufgenommen und versammelt sich am Hubertustag, dem 3. November, auf dem kopfsteingepflasterten Hof des Jagdschlosses Grunewald, um den sagenumwobenen Schutzpatron der Jagd und Beherrscher des Waldes durch eine Reitjagd zu ehren, die aber den Vergleich mit dem feudalen Jagdvergnügen der Kaiserzeit nicht aushält.

Damals war jeder „Mitreitende gehalten, in dem vorgeschriebenen Parforce-Jagd-Anzuge zu erscheinen. Derselbe besteht für die Hubertusjagd in hohem Hut, rotem Frack, weißer Cravatte, weißer Hose und Weste und Stiefeln mit Stulpen, für die übrigen Jagden in Sammetkappe, rotem Rock usw“. So bestimmte es das „Regulativ für den Betrieb der Königlichen Parforce-Jagden“, ein kleines Heft in rotem Einband, das auch für das „Überreiten eines Hundes“ Bußgelder von 20 bis 60 Mark vorsah, die an die Hofjagdamts-Kasse zu zahlen waren. Man ritt ja hinter einer bis zu 60 Hunde starken Meute, und das oft mehrere hundert Reiter starke Jagdfeld folgte der Spur

eines wehrhaften Keilers aus der Saubucht, dem man aber die Hauer vorher abgesägt hatte.
Das war natürlich ein Spektakel, wie der Berliner es liebt, und so fanden sich „nicht nur geborene Nichtstuer und ‚süßer Mob', sondern auch Angehörige der Berliner Bürgerschaft und der höheren Kreise mit Weib und Kind" beim Jagdschloß ein, um das bunte, glänzende Bild der Jagdgesellschaft in vollen Zügen zu genießen. Viel Anerkennung fanden die sportlichen Leistungen der „Nowaweser Parforceläufer", Jungen aus dem Potsdamer Vorort, die scharlachrot gekleidet dem Jagdfeld selbst bei Frostwetter barfuß folgten und sofort zur Stelle waren, wenn man die Sau „gestellt" hatte und die zum „Ausheben" abgesessenen Jagdreiter die Jungen als Pferdehalter benötigten.
Heute erinnert die Zinkgußgruppe eines „gedeckten" Wildschweins im Schloßhof an die jagdliche Tradition von einst, die im Schloß selbst durch eine Fülle von zeitgenössischen Bildern und Jagdgeräten bekräftigt wird. Das vor einigen Jahren äußerlich in der Form und Farbe der Zeit des ersten Preußenkönigs erneuerte Jagdschloß ist der letzte Renaissancebau Berlins und schon 1542 vom Kurfürsten Joachim II. errichtet worden. Das besagt die Bauinschrift am Portal, die aber infolge vieler, recht willkürlicher Abkürzungen fast einem Rebus gleicht. „Z(um) gruenen Wald genent" heißt es in der letzten Zeile, und dieser Inschrift verdankt der alte Spandauer Forst seinen zu „Grunewald" umgebildeten Namen.
Für einen richtigen Berliner wird Naturgenuß aber erst vollkommen, wenn er mit einer nicht allzu fernen Gaststätte verbunden werden kann. Daran fehlt es ja nicht im Grunewald, obgleich in den letzten Jahrzehnten eine ganze Reihe von ihnen ihre Pforten geschlossen hat. Das älteste Grunewaldrestaurant war aber nicht „Onkel Toms Hütte", von der Anzeigen behaupteten, sie sei 1701 erbaut worden und seit 150 Jahren Gaststätte. Tatsächlich wurde das Lokal erst Pfingsten 1885 als Neugründung unter dem bald aufgegebenen Namen „Wirtshaus Riemeister" eröffnet. Die „Alte Fischerhütte" jedoch ist bereits seit den Tagen des Alten Fritzen als Gasthaus nachge-

wiesen. Sie liegt aber nicht im eigentlichen Grunewald, sondern in der Zehlendorfer Gemeindeheide.

Wie unwirtlich der fiskalische Grunewald früher war, erhellt eine amtliche Bekanntmachung von 1802: „Da sich viele bemühen, nach dem Grunewald zu kommen, um sich alldort zu divertiren, so wird es hierdurch abermals bekannt gemacht, daß daselbst keine Wirthschaft ist und seyn soll, und werden weder Kaffeeschenkereyen noch Picknicks gestattet werden.“

Wie wenig Vorschriften nützen, geht auch daraus hervor, daß der Grunewald gemäß des sogenannten Dauerwaldvertrages von 1915, der ihn in den Besitz des „Verbandes Groß Berlin“ überführte, nicht weiter angetastet werden sollte. Von den damals für 50 Pfennige je Quadratmeter erworbenen 3936 Hektar sind heute nur noch 3211 Hektar übriggeblieben. Und ihrer werden bedauerlicherweise von Jahr zu Jahr immer weniger.

Geschäftskarte von „Onkel Tom's Hütte“, 1886

Die „rote Insel" ist besser als ihr Ruf

Im schönen Salzburg heißt die Vorstadt Maxglan „Glasscherbenviertel", im nicht minder schönen Innsbruck ist der Stadtteil St. Nikolaus als „Kotlacke" bekannt; in beiden, die der landläufige Tourist kaum zu sehen bekommt, wohnt ein eigenartiges Völkchen, das sich durch herben Witz und grobe Mundart auszeichnet. „Vor Klint und Werder hüte sich ein jeder" sagte man früher in der Stadt Heinrichs des Löwen vom Braunschweiger Wedding.

Damit ist die Brücke geschlagen zu „Berlin-W mit'n Ding", wo das Herz des Berliners bekanntermaßen besonders kräftig pulsiert. Die sehr einheitliche soziale und politische Färbung der Bevölkerung des Weddings ließ diesen Bezirk zu einem Begriff werden, der allerdings auch zu Mißdeutungen führte. Als vor einigen Jahren im Fernsehen der Wedding zum trostlos grauen Elendsquartier wurde, gingen seine arbeitsamen Bewohner protestierend auf die Barrikaden. Die versprochene Gegendarstellung blieb das Fernsehen aber bis heute schuldig.

In sich abgeschlossene oder abgelegene Stadtviertel nennt der Berliner gern „Kietze" in Anlehnung an die historischen Kietze, von denen die bis 1898 auch kommunalpolitisch selbständige Fischergemeinde Kietz in Köpenick am bekanntesten ist. Der Name kommt vom slawischen Wort „chyza" für Haus oder Hütte, was die ältere Forschung veranlaßte, sämtliche Kietzorte — es gibt an die 300 in Nordostdeutschland — als alte Reste slawischen Volkstums anzusehen. Heute wissen wir, daß sie zu Anfang des 13. Jahrhunderts im Zuge der sogenannten Ostkolonisation als Dienstsiedlungen deutscher Burganlagen entstanden sind. Ihre Bewohner waren vom Burgherren rechtlich abhängig und hatten zur Befestigung und Erhaltung der Burg beizutragen.

Die früher in Berlin sehr populären, zum Teil heute noch bekannten Kietze in der Beusselstraße (Beusselkietz), in der Fischerstraße (Fischerkietz), in der Zillestraße (Kommunekietz), in Lichterfelde (Beamtenkietz) usw. sind ohne Ausnahme jüngeren Alters und nur im übertragenen Sinne zu verstehen. Der Volksmund kennt in jedem größeren

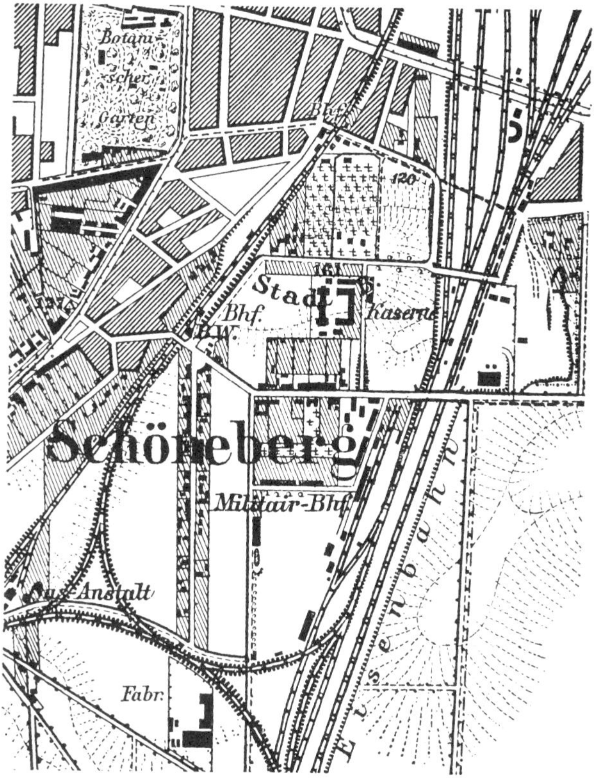

Die Schöneberger „Insel" im Meßtischblatt von 1892

Stadtbezirk einen Kietz, in Schöneberg ist es die ob ihrer politischen Vergangenheit so genannte „rote Insel": das allseitig von Bahnanlagen eingeschlossene Gebiet an der Grenze zu den Nachbarbezirken Kreuzberg und Tempelhof, das von der Yorckstraße im Norden bis zur Torgauer Straße im Süden reicht. Hauptverkehrsader der „Insel" ist die Kolonnenstraße — ihr geknickter Verlauf macht sie als alte Landstraße kenntlich —, auf der bis 1914 die Moabiter Gardeulanen und die Charlottenburger „Elisabether" in Kolonnen zu Übungen und Paraden auf das Tempelhofer Feld marschierten.

Dieses begann noch in meinen Kindertagen unmittelbar hinter der hölzernen Kolonnenbrücke (auf der man sich immer Splitter in die nackten Füße riß) als riesige Rasenfläche, die sich völlig unbebaut bis Neukölln ausdehnte, das mit seinen Häusermassen und vereinzelten Kirchtürmen den östlichen Horizont markierte. Abgesehen von wenigen Büdner- und Gärtnergehöften an der Kolonnenstraße begann die Bebauung der „Insel“ erst nach dem Kriege 1870/71. Der findige Kaufmann Lenz hatte hier einen mehr als 700 Meter langen, aber nur 75 Meter breiten Ackerstreifen erworben, in dessen Mitte dann die Sedanstraße angelegt und die beiderseitigen, viel zu klein gehaltenen Bauparzellen mit großem Gewinn verkauft, der es ihm ermöglichte, seine Tage fernab von Berlin als Rittergutsbesitzer zu beschließen. Diese spekulative Straßenanlage blieb fast ein Vierteljahrhundert lang die einzige Wohnstraße auf der „Insel“ und hat deren spätere Straßenführung in höchst unglücklicher Weise bestimmt.
Seit 1947 trägt die Sedanstraße den Namen Leberstraße nach dem 1945 als Widerstandskämpfer hingerichteten Sozialpolitiker. In den „goldenen Zwanzigern“ gab es hier eine Kneipe, die im Verlaufe der dort geführten politischen „Unterhaltungen“ des öfteren zerhackt wurde. Die Tradition der Sedanstraße als Ort politischer Auseinandersetzung, die der „roten Insel“ ihren Beinamen einbrachte, geht bis zum Erlaß des Sozialistengesetzes 1878 zurück. Als Kaiser Wilhelm I. nach dem Nobilingschen Attentat feierlich in Berlin einzog und ihn ein Fahnenmeer in den preußischen und deutschen Farben begrüßte, steckte der Bierverleger Becker in der Sedanstraße ostentativ eine rote Fahne heraus. Die Folge war seine sofortige Ausweisung aus Schöneberg.
Die „Insel“ ist nun einmal kein repräsentativer Stadtteil, und die Leberstraße kann ihren proletarischen Charakter bis heute nicht verleugnen, obwohl eine spätere Zeit die bescheidenen Häuser der ersten Parzellanten bis auf wenige Reste verdrängt hat. Wen wundert es, daß sich die „charmanteste Großmutter der Welt“, Marlene Dietrich, niemals zu der Straße, in der ihre Wiege stand, bekennen wollte. Ausweislich des standesamtlichen Geburtsregisters

wurde der Star, der als Lola in dem Film „Der blaue Engel" den Erdball eroberte, am 27. Dezember 1901 im noch vorhandenen Haus Sedanstraße 53 — heute Leberstraße 65 — als Tochter des Polizeileutnants Louis Dietrich und seiner Ehefrau Wilhelmine, geb. Felsing, geboren und auf den Vornamen Maria-Magdalena getauft.

Die äußerlich so bescheiden anmutende „Insel" kann noch mit weiteren klangvollen Namen aufwarten. Am Hause Gotenstraße 6 gedenkt eine Tafel des 1904 hier geborenen Präsidenten des Deutschen Bundestages, Hermann Ehlers. Ein grausamer Tod beendete vorzeitig die politische Laufbahn des nur 50 Jahre alt gewordenen Prätendenten für das Amt des Bundeskanzlers. In der Naumannstraße 24, dem früheren Königsweg, der einst die Westgrenze des Tempelhofer Feldes bildete, wohnte und wirkte der heute kaum noch gekannte Sozialpolitiker Friedrich Naumann. Bei ihm arbeitete Theodor Heuss 1905 bis 1912 in der Redaktion der angesehenen Zeitschrift „Die Hilfe" und empfing hier die Grundlagen seines politischen Wissens, das ihn später befähigen sollte, Deutschlands erster Bundespräsident zu werden. Und wenn wir schließlich erwähnen, daß der Erzbischof von Berlin, Kardinal Dr. Alfred Bengsch, ebenfalls ein Kind der „Insel" ist, dürfte bewiesen sein, daß diese doch besser ist als ihr Ruf.

Es war in Schöneberg ...

Mit ihren 2700 Metern ist die Hauptstraße nicht nur die weitaus längste Straße Schönebergs, sie entspricht auch der Bedeutung ihres anspruchsvollen Namens. Kleine quadratische Blechschilder mit schwarzer 1 auf gelbem Grund kennzeichnen sie als Teilstück der Bundesstraße 1, die ursprünglich von Eidtkau bis Aachen quer durch ganz Deutschland führte. Heute ist sie für uns nur von der Mauer am Potsdamer Platz bis zum Schlagbaum an der Glienicker Brücke frei zugänglich. Carl Gotthard Langhans, der Meister des Brandenburger Tors, hatte die Landstraße nach Potsdam in den Jahren 1791 bis 1795 als erste Kunststraße in Preußen chausseemäßig ausgebaut.

An der Ecke der Grunewaldstraße beginnt die Hauptstraße mit der ersten Hausnummer, aber die letzte, Nr. 163, liegt keineswegs gegenüber, sondern ein gutes Stück weiter nördlich an der Ecke Großgörschenstraße. Zwischen dieser und der Grunewaldstraße gehört nur die Ostseite zur Hauptstraße, die gegenüberliegende Straßenseite führt die Bezeichnung Potsdamer Straße.

Dieses Kuriosum beruht auf der Eingemeindung von 1861, die Berlins Stadtgebiet von einem Tag auf den anderen — übrigens gegen den Willen der Stadtverordneten — um 69 Prozent vergrößerte. Damals wollte man nämlich den auf Schöneberger Boden liegenden „Königlichen Botanischen Garten" innerhalb der Grenzen der Haupt- und Residenzstadt haben. Um die Jahrhundertwende wurde der Garten nach Dahlem verlegt. Die mit rund 15 Millionen Goldmark veranschlagten Kosten gedachte der preußische Finanzminister dadurch aufzubringen, daß er das Gelände des „Alten Botanischen" der Spekulation freigab. Die allzeit wachsame Berliner Presse konnte diese unsoziale Absicht verhindern und die Bebauung auf den Rand des von ihr angeregten „Heinrich-von-Kleist-Parks" beschränken. Ein paar schöne alte Bäume — ein seltener Zürgelbaum, eine Sumpfzypresse und einige Maulbeerbäume — zeugen noch für den einstigen Botanischen Garten, in dem Adelbert von Chamisso nach der Rückkehr von seiner dreijährigen Weltreise 1819 bis 1839 als „Aufseher der. Pflanzen" das Herbarium betreute und dafür gelegentlich „sein Heu bestimmte", die meiste Zeit der amtlichen Tätigkeit aber den Liedern von „Frauen-Liebe und Leben" widmete.

Über die am Hauptzugang des Kleistparks an der Potsdamer Straße aufgestellten Königskolonnaden wird oft gegrübelt, weil sie in ihren spätbarocken Architekturformen mit denen des Kontrollratsgebäudes übereinstimmen. Dieses ist aber erst 1913 als Kammergericht erbaut worden, während die Kolonnaden schon 1780 als Zierde der Königsbrücke am Alexanderplatz entstanden; 1910 hat der Neubau eines Warenhauses sie hierher verdrängt.

Die Königskolonnaden am Bahnhof Alexanderplatz, 1908

Die Hauptstraße ersteigt bis zum Kaiser-Wilhelm-Platz den „schönen Berg“ am südlichen Höhenrand des Berliner Urstromtals. Die abzweigende Vorbergstraße hat mit dem Berg aber nichts zu tun. Sie ehrt vielmehr den Superintendenten Vorberg, der Pfarrer an der nahen Apostel-Paulus-Kirche und ein Freund des Fürsten Bismarck war. Als der Reichskanzler einmal Vorberg besuchte und mit ihm über die Hauptstraße bummelte, sagte er unter Hinweis auf die ihn umdrängende Schuljugend: „Zu Hause werden sie erzählen, wir haben eben den alten Wrangel gesehen.“

In dem Abschnitt der Hauptstraße zwischen der Grunewaldstraße und dem Kaiser-Wilhelm-Platz — bis 1881 echt berlinisch „Botanische Garten-Straße“ genannt — lag die von Friedrich dem Großen für böhmische Glaubensflüchtlinge angelegte Weberkolonie Neu-Schöneberg, der „Montebello nuovo“ des Berliner Volksmundes. Von ihr ist im Stadtbild nichts mehr zu sehen, und ihre vielen Gartenlokale bestehen nur noch in der Erinnerung: „Panniers Kaffeehaus“, der „Lindenpark“ oder „Stuhlmanns Tanztabagie“, deren Wirt die Gäste aus Berlin bevorzugte. Denn diese brachten zu den häufigen Keilereien gleich die Knüppel mit, während die Schöneberger sich kurzerhand der Beine seiner Stühle bemächtigten.

Äußerlich kaum verändert stehen aber noch (Hauptstraße 14—15) die unansehnlich gewordenen Gebäude der 1862 eröffneten „Maison de santé“. Ein junger tüchtiger Psychiater aus Berlin, Dr. Eduard Levinstein, hatte die „filia hospitalis“ des „Gasthofs zum Helm“ geheiratet und aus ihrem Vatererbe eine Nervenklinik gemacht, die bis zu ihrer Auflösung im Jahre 1919 europäischen Ruf genoß. Vornehmlich reiche Russen, die so viel Geld besaßen, daß sie nicht wußten, wohin und wie schnell sie es verschwenden sollten, waren hier von den um die Erbschaft besorgten Verwandten untergebracht worden.

Ihre schrulligen Gewohnheiten waren das Tagesgespräch in Schöneberg. Der zuweilen hinter den Fenstergittern auftauchenden bleichen Gesichter der überwiegend harmlosen Geisteskranken — Schreck unserer Kindertage — erinnerten wir uns wieder, als Dostojewski und Gogol die

Lektüre der „Old-Wawerley“-Hefte verdrängt hatten. In der „Mäsong“ vollendete sich aber auch manches tragische Schicksal; sie war das Sterbehaus des sozialdemokratischen Parlamentariers Hasenclever, des hochgelehrten und sprachbewanderten Professors Georg Büchmann, Autors der „Geflügelten Worte“, des Komponisten des „Weserliedes“, Gustav Pressel, und des „Napoleons der Terrainspekulanten“, Wilhelm von Carstenn-Lichterfelde.

Unbestrittener Höhepunkt in der stark besetzten Gastronomie der Hauptstraße war der von Heinrich Seidel, Hans Brennert und anderen Poeten besungene „Schwarze Adler“ — wohlverstanden der „alte“ Schwarze Adler —, dessen weiter Park mit Plätzen für 8000 Besucher von der Hauptstraße 25—26 über die jetzige Belziger Straße hinweg bis zur Apostel-Paulus-Straße reichte. Seit seiner Parzellierung im Jahre 1893 stehen dreißig Mietkasernen auf dem Gelände, das mehreren Generationen „des Volkes wahrer Himmel“ war. Da gab's Konzerte, Feuerwerk, Tanz, Spezialitätenvorführungen aller Art, sogar Auffahrten mit Frei- und Fesselballons, die den Militärfiskus 1884 veranlaßten, beim Schöneberger Eisenbahnregiment mit einer „Versuchsstation für Balloncaptifs“ den Grundstock zur späteren Fliegertruppe zu legen.

Hier im „Schwarzen Adler“ spielte 1847/48 ein Sommertheater, das den als Begründer des „Kladderadatsch“ und Vater der Berliner Posse berühmt gewordenen David Kalisch unter dem Pseudonym Robert Schalk mit seinen Erstlingswerken vorstellte. Unter den Schauspielern waren einige, die ebenfalls zu Ruhm kamen: der Komiker Karl Helmerding und der nachmalige Hofschauspieler Friedrich Haase. Die lieben Kollegen nannten ihn immer nur „Mauernweiler“, weil anläßlich seiner vielen Gastspielreisen in den Lokalblättern zu lesen war: „In unseren Mauern weilt zur Zeit der berühmte Hofschauspieler Haase ...“

Vor ein paar Jahren fiel Schönebergs ältestes Wohnhaus, das 1833 erbaute, sehr bescheidene Domizil der seit 1691 hier nachweisbaren Kossätenfamilie Grunow in der Hauptstraße 132 der Spitzhacke zum Opfer und wurde durch das heutzutage so beliebte Appartementhaus ersetzt. Damit verlor die interessierte Öffentlichkeit einen von Presse, Hörfunk und Fernsehen unterstützten Kampf, der selbst in den Bänken des Abgeordnetenhauses ausgetragen wurde. Bei der Neufassung der Berliner Bauordnung hatte man das Grunowsche Haus kurzerhand im Verzeichnis der geschützten Baudenkmale gelöscht. Den Stadtplanern war die große Baulücke mit dem kleinen Haus zwischen den hoch aufragenden Brandgiebeln der Nachbarhäuser schon lange ein Ärgernis. Außerdem vertrat das Bezirksamt Schöneberg die Meinung, das Haus liege gar nicht an der alten Dorfaue, für deren Erhaltung man im übrigen plädiere. Das war jedoch ein Trugschluß; denn Schönebergs Keimzelle — noch heute an der Aufweitung der Hauptstraße deutlich erkennbar — erstreckt sich vom Kaiser-Wilhelm-Platz bis zur Dominicusstraße. Nur ist der nördliche Abschnitt zwischen Eisenacher und Akazienstraße schon vor Jahrzehnten so verschandelt worden, daß es auf das alte Kossätenhaus auch nicht mehr ankam.

Jetzt ist man aber der eigentlichen Dorfaue an der durch eine baumbestandene Mittelpromenade in zwei Fahrbahnen aufgeteilten Hauptstraße ebenfalls an den Kragen gegangen. Auf dem bis zur Feurigstraße durchgehenden Grundstück Nr. 127—128 wurden die Spitzhacken geschwungen und die Schubraupen geschoben, um Platz zu schaffen für ein Zehn-Millionen-Objekt, das fünf Bauten bis zu sechs Geschossen mit Läden und 85 Wohnungen umfaßt.

Noch vor kurzem rahmten hier zwei schlichte Wohnhäuser von zwei und drei Geschossen aus den Jahren 1855 und 1874, ein im gleichen Jahr erbauter Stall und die Reste einer Scheune von 1866 einen großen Hof mit Kopfsteinpflaster ein, der trotz seiner Nutzung durch Auto-Reparaturwerkstätten auf den ersten Blick erkennen ließ, daß er einmal das Reich eines Bauern war. Hier saßen die Hewalds seit 1587; denn in diesem Jahr hatte „Wolff Hewalt vom Bauer Torbenn Just dessen Bauergut für Viertehalb hundert gulden Merrkischer wehrungen“ gekauft, und erst 1969 haben die Hewaldschen Erben sich von ihrem Grundstück getrennt, das sie 382 Jahre lang besaßen. Das dürfte für Berlin wohl der Rekord eines

Familienbesitzes sein. Gewiß, die Bauern Rabe, Rathenow und Neuendorf in Lübars sitzen auch schon seit 1590 auf ihren Höfen. Aber eben draußen auf einem Dorf am äußersten Stadtrand, während Schöneberg bereits 1898 zur Stadt erhoben wurde, weil es infolge der Landverkäufe seiner „Millionenbauern" längst den Charakter eines ländlichen Ausflugsortes vor den Toren der Stadt mit den tristen Straßenschluchten und dem grauen Häusermeer einer Großstadt vertauscht hatte.

Die recht einfachen Wohnhäuser der Hewalds zeugten dafür, daß diese Familie nicht zu den an und für sich schon wohlhabenden Bauern gehörte, die ihre Äcker in den „Gründerjahren" als Bauland verkauft hatten und so beinahe über Nacht zu Millionären wurden. Die von Max Kretzer zu literarischem Rang erhobenen „Schöneberger Millionenbauern" wohnten nebenan, in den nach 1945 durch Aufstockungen verunstalteten Häusern Hauptstraße 125 und 126; vor allem aber gegenüber, zwischen dem Stadtbad und der alten Dorfkirche, auf der Nordseite der Hauptstraße, die man deshalb die „Millionenseite" nannte. Hier künden fünf stattliche Landhäuser aus den Jahren 1865 bis 1880 vom längst vergangenen Reichtum ihrer früheren Besitzer, den auf dem nahen Kirchhof auch noch die prunkvollen Mausoleen — durchweg aus Sandstein unter Kupferkuppeln — bekräftigen. Die im Stil des Spätklassizismus und der Neorenaissance gehaltenen Häuser gehören seit Jahrzehnten dem Land Berlin und sind unter Denkmalschutz gestellt, was einigen von ihnen neuerdings zu farbfrohem Aussehen verholfen hat. Hier wohnten sie — die zumeist auch in Straßennamen festgehaltenen Bergemanns, Hewalds, Mettes, Richnows und Willmanns, falls sie es nicht vorzogen, ihre sorgenfreien Tage auf den in der Mark, in Mecklenburg und Pommern erworbenen Rittergütern zu verbringen.

Den ihnen oft nachgesagten protzigen Aufwand trieben sie nicht, dafür waren sie viel zu sehr ihrer Herkunft vom sparsamen märkischen Bauernstand verhaftet. Bezeichnend dafür ist ein Geschichtchen, das den Vorzug hat, wahr zu sein. Als der reichste der Millionenbauern zu seinem zwischen 10 und 40 Millionen Goldmark geschätzten Vermögen 1894 das Grundstück Hauptstraße 40 hinzu erbte, ließ er die dort von seinem Großvater Carl Willmann im Hausportal eingesetzten Ziergitter mit dem Monogramm CW einfach umdrehen, um die Kosten für neue zu sparen. Der Name Georg Mette beginnt schließlich mit GM, und das umgedrehte CW sieht ja ganz ähnlich aus. Heute noch zu prüfen, wenn man die bezirklichen Dienststellen aufsucht, die jetzt in dem 1879 wahrscheinlich von Friedrich Hitzig erbauten Hause untergebracht sind.

Vieles läßt sich nicht mehr kontrollieren, was man von den Nachbarn, dem „reichen" Zweig der Hewalds erzählte. Fest steht auf jeden Fall, daß der alte Martin Hewald, der sich 1872 das nun von der Abteilung Volksbildung des Schöneberger Bezirksamtes genutzte Haus Nr. 41—42 errichten ließ, trotz der Millionen nichts an seiner bescheidenen Lebensweise änderte. Im Haus und Garten, der seit 1953 einen Teil des Heinrich-Lassen-Parks bildet, trug er stets eine blaue Arbeiterbluse. Die Pferdebahn war ihm zu teuer, für ihn gab's nur den „Sechser-Omnibus". Einmal war er in der Stadt bei seinem Anwalt und wurde dort von einem heftigen Regen überrascht. Der Anwalt hatte ihm trotz seines Widerspruchs eine Droschke holen lassen; doch als der Wagen kam, hatte der Regen aufgehört. Der alte Millionenbauer Hewald setzte sich nun nicht etwa in die Droschke, sondern kletterte zum Kutscher auf den Bock und fuhr mit ihm in dessen Stammkneipe, um dort einen Ordentlichen zu heben.

Da waren seine beiden Söhne schon von anderem Holz. Sie ließen sich ihre Oberhemden in Brüssel anfertigen und fuhren zur Anprobe beim Schneider auf einen Tag nach London. Der jüngere hatte bei einem der vielen deutschen Kleinstaaten den Freiherrntitel und überdies als standesgemäßen Sommersitz das Rittergut Podewils bei Belgard in Pommern erworben. Als großer Freund und Förderer der noch in den Kinderschuhen steckenden Luftfahrt ließ er einen Freiballon nach dem anderen konstruieren, die dann „Hewald I", „Hewald II" usw. hießen. Nach seinem frühen Tode soll seine Asche testamentarischer Bestimmung gemäß vom Ballon aus in alle Winde gestreut worden sein. So hat es mir ein alter Freiballonfahrer erzählt, der später einer unserer bekanntesten Flieger war. Das ist sicherlich „Luftfahrer-Latein“ gewesen; denn bis vor einigen Jahren, ehe die Fenster zugemauert wurden, konnte man in der Hewaldschen Grabkapelle auf dem alten Kirchhof an der Hauptstraße die weiße Marmorurne des Freiherrn Max Ernst von Hewald stehen sehen.

Friedenau: Beamtenhochburg und Dichterkolonie

Wie doch die Zeit vergeht. Über der noch recht lebendigen Erinnerung an die mit Festgottesdienst, Feiersitzung im Rathaus, Flaggenschmuck, Fackelzug und Festkommers (aber ohne Rummelplatz) begangene 50-Jahr-Feier Friedenaus hätte ich fast vergessen, daß wir demnächst sogar das hundertste Jubiläum des Schöneberger Ortsteils begehen können.

Vor fast einem halben Jahrhundert, im November 1924, feierte man die 50. Wiederkehr des Tages, an dem Friedenau zur selbständigen Gemeinde erhoben wurde. Eigentlich hätte man schon 1921 des Gründungsjahrs 1871 gedenken können. Aber damals, nach dem verlorenen Weltkrieg und dem Sturz des Hohenzollernhauses, im Zeichen der beginnenden Inflation und der unerwünschten Eingemeindung in das neugeschaffene Groß-Berlin war den sehr konservativen Bürgern Friedenaus nicht nach Feiern zumute.

Daß Friedenau sich lange „durch eine im besten Sinne des Wortes kleinbürgerliche Art“ von den Nachbargemeinden Schöneberg und Wilmersdorf abhob — der Teltow-Chronist Willy Spatz hat das einmal festgestellt —, ist durch die Art seiner Gründung und Entwicklung bedingt. Wie in Halensee und in Lichterfelde hatte auch hier der „Napoleon der Terrainspekulanten“, Wilhelm von Carstenn, seine Hand im Spiele.

Der von ihm ins Leben gerufene „Landerwerb- und Bauverein auf Aktien“ hatte das sogenannte Oberfeld des Carstennschen Rittergutes Wilmersdorf erworben und bot es im Frühjahr 1871 zur Parzellierung an. Zu jener Zeit setzte der Boom der „Gründerjahre“ ein, der alljährlich Zehntausende in die gewaltig aufblühende junge Reichshauptstadt zog. Wohnungsnot war die Folge. Mit am empfindlichsten traf sie die einkommenschwachen kleinen und mittleren Beamten. An diese richtete sich dann in erster Linie auch das günstige Angebot des Landerwerb- und Bauvereins. Fabriken, hochstöckige Wohnhäuser und „Proletarierwohnungen“ hatte man ausdrücklich ausgeschlossen; die „Kolonie Friedenau“ sollte ein Villenvorort werden.

Die 1872 nach dem Frankfurter Friedensschluß für 1870/71 amtlich Friedenau genannte (und seitdem immer falsch Friede-nau betonte) Landhaussiedlung des Mittelstandes hat sich dann auch mit amerikanischer Schnelligkeit entwickelt, obwohl anfänglich die Verkehrsverhältnisse ausgesprochen trostlos waren. Der auf Schöneberger Boden liegende Bahnhof Friedenau der Wannseebahn wurde erst 1874 eröffnet und der Bahnhof Wilmersdorf-Friedenau der Ringbahn noch später, 1877, als Friedenau schon über tausend Einwohner in etwa hundert Häusern zählte.

Gelegentlich der Jubiläumsfeier von 1924 sagte Berlins Oberbürgermeister Böß in seinem Glückwunsch: „Diese 50 Jahre waren die Zeit einer glücklichen Entwicklung, in der das junge Gemeinwesen Friedenau aus einer stillen Landhaussiedlung zu einem Stadtgebiet des neuen Berlin wurde, das, von lebenserfüllten und schönen Großstadtstraßen durchzogen, dennoch das Gesicht einer grünen Gartenstadt zu wahren gewußt hat.“

Viel ist davon nicht geblieben, aber die ursprünglichen Absichten der Koloniegründer sind an einigen wenigen Villen in den stillen Wohnstraßen mit ihren Vorgärten — die sogar einmal die Rheinstraße zierten — und dem schönen Baumbestand bis heute erkennbar.

Erstaunlicherweise sind die altertümlichen Backsteinvillen der „Rohbauern“ der 1880er Jahre (im Gegensatz zu den „Putzbauern“ des ersten Siedlungsjahrzehnts) in den letzten Jahren zu bevorzugten Wohnsitzen prominenter Vertreter der jüngsten deutschen Literatur geworden. „In

Friedenaus ältestes Haus (1873) steht in der Dickhardtstraße 31
1965 wurde es erneuert, leider nicht zu seinem Vorteil

Friedenau gibt's doch das meiste Federvieh" sagte schon um die Jahrhundertwende der als „Onkel Ete" aus den Zeitungen bekannte Lokalpoet Eduard Jürgensen und spielte damit auf die vielen ortsansässigen Schriftsteller und Journalisten an. Er hat ebenso wenig wie die Angehörigen der heutigen „Dichterkolonie" gewußt, daß Max Halbe 1892 in der Handjerystraße seine „Jugend" schrieb und Georg Hermann während der Jahre 1901 bis 1906, als er in der damals noch Kaiserallee genannten Bundesallee wohnte, mit dem Erstling „Jettchen Gebert" zum Bestsellerautor wurde.

Jürgen Beckelmann, Magnus Enzensberger, Günther Herburger, Christoph Meckel, Klaus Röhler, Volker von Törne sind einige der Friedenauer Literaten von heute, und die beiden berühmtesten, Günther Grass und Uwe Johnson, wohnen zudem Wand an Wand in der Niedstraße. Der Blechtrommel-Autor überdies in einem zweistöckigen Gebäude, das ganz das Gepräge der Knusperhäuschen-Architektur des wilhelminischen Zeitalters hat. Wilhelm II. und sein Bruder Prinz Heinrich sind hier des öfteren zu Besuch gewesen, als der Marinemaler Hans Bohrdt in dem Hause wohnte und die zu jener Zeit sehr beliebten „Seestücke" schuf.

So ein Kaiserbesuch brachte für Friedenau manchmal auch einen bleibenden Vorteil. Beispielsweise bei einer Visite im „Bildhauerhof" des Professors Casal in der nun schon auf den vierten Namen hörenden Görresstraße. Beim Verlassen seiner Kutsche war S. M. nämlich in der unregulierten Straße im Schlamm steckengeblieben. Wen wundert es, daß sie nun schleunigst das fällige Pflaster erhielt.

Die bildhauerische Tradition Friedenaus, an der vor dem Ersten Weltkrieg 27 mehr oder minder Namhafte beteiligt waren, ist bis heute nicht abgerissen. Es sei nur die in der Offenbacher Straße wirkende Ursula Förster genannt, dazu die in aller Welt gekannte Bildgießerei Hermann Noack.

Ältere Sportfreunde gedenken wehmütig des „Sportparks Friedenau" mit seiner 500 Meter-Radrennbahn, auf der Thaddäus Robl das „Goldene Rad von Friedenau" sowie seine beiden Weltmeisterschaften über 100 Kilometer gewann, und der Däne Ellegaard in so manchem Fliegerrennen über Arend, Henry Mayer, Rütt und andere Rivalen triumphierte.

„Als ich nach Friedenau zog, lehnte sich an das Bahnhofsgelände die alte populäre Rennbahn. Als ich es nach zwei Jahren verließ, stand dort das ‚Wagnerviertel' mit Senta-, Elsa-, Kundrystraße usw." erinnerte sich Theodor Heuss an die Jahre 1903 bis 1905 und die „ungeheure Bautätigkeit, die damals die noch vorhandenen Grünflächen der westlichen Vororte auffraß".

Zum „Verjnüjen“ in Steglitz

Noch war kein einziger Ziegelstein für den Aufbau des „Steglitzer Kreisels“ bewegt worden, da kreiselte und kriselte es schon um dieses ungewöhnliche Bauvorhaben. Es hat die niedrigen Behelfsbauten und die alten Wohnhäuser auf dem Areal des Albrechtshofs am Hermann-Ehlers-Platz zwischen Schloßstraße und Wannseebahn durch ein 300-Millionen-Objekt in der Art des Europa-Centers abgelöst.

Dominante dieses neuen Geschäfts-, Sport- und Vergnügungszentrums ist das in unserer Zeit nun einmal unentbehrliche Hochhaus, in dessen 25 Geschosse auch das Bezirksamt Steglitz seine Dienststellen verlegen will. Dafür müssen die Steglitzer Stadtväter dann endgültig auf einen Lieblingswunsch verzichten: den seit langem geplanten Erweiterungsbau des Rathauses. Bereits 1925 hatte die bezirkliche Hochbauverwaltung die Pläne für ein zentrales Verwaltungsgebäude an der Ecke der Schloß- und Grunewaldstraße vorgelegt, die einen elfgeschossigen Turmbau mit vierstöckigen Flügeln um zwei große Höfe gruppierten.

Dieses Projekt scheiterte an den fehlenden Geldmitteln, die übrigens den nach dem Kriege erneut entworfenen Bauplänen ebenfalls den Garaus machten. Bezirklicher Verwaltungsmittelpunkt blieb darum bis heute der 1898 in einer sonderbaren Auffassung von norddeutscher Backsteingotik errichtete Blankziegelbau an der Ecke der Grunewaldstraße, dessen verspielter Turm „oben durch Erker, Türmchen, Zinnen und Nischen reich gegliedert ist und den Gesamteindruck erhöht“. Dieser Meinung war Bürgermeister Buhrow in dem 1911 vorgelegten „ersten Verwaltungsbericht der Landgemeinde Steglitz“, einem adreßbuchstarken Band von 600 Seiten, der auch der letzte blieb.

Buhrows Kummer war zeitlebens, daß Steglitz mit über 80 000 Einwohnern zwar zu den größten Landgemeinden Preußens rechnete, aber trotz alljährlich erneut aufgenommener Bemühungen es nicht schaffte, die Stadtrechte zu erhalten und bis zur Eingemeindung von 1920 kommunalpolitisch als Dorf angesehen wurde. Und das, obwohl die Nähe Berlins schon frühzeitig zu großstädtischen Einrichtungen wie Gas- und Wasserleitung sowie Kanalisation Anlaß gegeben hatte. Auch ein eigenes Elektrizitätswerk hatte sich das Dorf Steglitz erbaut, dazu ein gleich von Anbeginn hoffnungsfreudig so genanntes Stadtbad mit Schwimmhalle „und allen sonstigen Bädern“.

Ein Monument selbstbewußten Bürgerstolzes aus der Ära der Selbstverwaltung ist der weithin sichtbare Wasserturm auf dem Friedhof an der Bergstraße, der seiner eigentlichen Zweckbestimmung erst sehr spät, 1928, gerecht wurde. Steglitz wollte sich nach den guten Erfahrungen, die es mit dem gemeindeeigenen Elektrizitätswerk gemacht hatte, auch in seiner Wasserversorgung von dem Monopolbetrieb der privaten Charlottenburger Wasser- und Industriewerke AG — volkstümlich „Charlotte Wasser“ genannt — befreien. Letzten Endes scheute es aber wegen der unaufhaltsam steigenden Kriegsfolgelasten die Ausgaben für das eigene Wasserwerk und traf entsprechende Abmachungen mit dem der selbständigen Stadt Lichtenberg. Der Wasserturm war 1915/16 für 170 000 Mark gebaut worden, die ersten Rohrleitungen bereits verlegt, da ergaben sich ungeahnte und unüberwindliche Schwierigkeiten. Nicht etwa technischer, sondern „kleinstaatlicher“ Art. Die Gemeinden, durch deren Gebiet von Lichtenberg her die Wasserrohre geführt werden mußten, versagten — auf Veranlassung von „Charlotte Wasser“, der sie tributpflichtig waren — ihre Zustimmung.

Bevor der Rathausneubau die Straßenecke einnahm, stand dort das „Dampfbahn-Restaurant“, von dem aus man mit dem arg rüttelnden und heftig qualmenden Dampfstraßenzug der „Westlichen Berliner Vorortbahn“ über die Bundesallee zum Kurfürstendamm oder über Rhein- und Hauptstraße nach Schöneberg fahren konnte. So lange, bis sie kurz vor 1900 von der „Elektrischen“ verdrängt wurde. Noch in den zwanziger Jahren befuhr diese die Bürgersteige auf Rasenstreifen, die mit Rosengehängen zwischen den Alleebäumen geschmückt waren; erst dann wurde der lebensgefährdende Betrieb auf den auch schon

Theater in Steglitz

Mittwoch, den 24. Juni 1840.

Zur Eröffnung der Bühne.

Zum Erstenmale:

Das Theater in Steglitz.

Gelegenheits-Scherz in 1 Akt, von L. Meyl.

Personen

Dampf, ein Theater-Unternehmer	Hr. Simon
Wollsack, Souffleur	Hr. Goldschmidt
Hahnkamm, Friseur	Hr. Adolph.
Lappe, Garderobier	Hr. Gauttier
Schnecke, Theaterdiener	Hr. Günther
Putzig, Berliner Bürger	Hr. Busse
Ophelia, dessen Gattin	Dlle. Koch.
Cecilie, ihre Tochter	Dlle. Müller.
Rinaldo, ihr Sohn	Julius Simon.
Mehrere Personen aus beliebten Possen und Vaudeville's.	

Hierauf:

Liebe kann Alles,

oder:

Die bezähmte Widerspenstige.

Lustspiel in 4 Akten, von Holbein.

Personen

Baron von Grommer	Hr. Schelper.
Franziska, } seine Töchter	Mad. Wolff
Elise, } seine Töchter	Mad. Grobecker
Julie, } seine Töchter	Dlle. Müller.
Doctor Dolling, Juliens Gatte	Hr. Günther
Hofrath von Warlitz, Elisens Gatte	Hr. Sternau.
Obrist von Kraft	Hr. Simon.
Ein Musiklehrer	Hr. Goldschmidt.
Caroline, Franziska's Kammerjungfer	Dlle. Schultze.
Crispin, ein Bauerbursche	Hr. Grobecker
Müller, Corporal, nun des Obristen vertrauter Diener	Hr. Walther.
Johann, Bedienter im Hause des Hofraths	Hr. Adolph.
Ein Schuhmacher	Hr. Busse

Die Handlung geschieht in der Stadt und auf dem nahe gelegenen Gute des Obristen.

Zum Beschluß:

List und Phlegma.

Vaudeville-Posse in 1 Akt, von Louis Angely.

Personen

Herr von Ruhleben, reicher Gutsbesitzer	Hr. Schelper
Louise, seine Gattin	Dlle. Wilhelmi
Fritz, sein Kind	Julius Simon
Adolphine, seine Schwester	Dlle. Megner
Baron Palm, deren Liebhaber	Hr. Grobecker
Ein Postillion	Hr. Leonhardt

Die Scene ist in einer großen Stadt Deutschlands.

Preise der Plätze: Ein Billet zur Loge 12½ Sgr. Parquet 10 Sgr. Parterre 7½ Sgr. Amphitheater 4 Sgr.

Billets zu allen Plätzen sind in Berlin beim Kunsthändler Herrn Taraschwitz im ehemaligen Postgebäude bis 3 Uhr Nachmittags und Abends an der Kasse zu haben.

Anfang präcise halb 7 Uhr; Ende nach 9 Uhr. Die Kasse wird um 6 Uhr geöffnet.

Abgang der Eisenbahn von Berlin nach Steglitz um 2, 4 u. 6 Uhr, und von Steglitz nach Berlin Abends 7½ u. 10 Uhr wieder verschwundenen Straßenbahnkörper in der Mitte der Straße verlegt.

Der Albrechtshof war aus dem alten Dorfkrug hervorgegangen und möglicherweise jene Gaststätte, von der Glaßbrenner eine köstliche Geschichte überliefert hat. Ein Berliner, der durch Steglitz ging und den Krugwirt damit beschäftigt sah, einen Jungen furchtbar durchzuprügeln, fragte mitleidig, wer denn der Knabe wäre und was er verbrochen hätte. Der Steglitzer Gastronom erwiderte mit der Gemütsruhe, die dem Berliner in den schwierigsten Situationen eigen ist: „Der is aus de Stadt. Et is mein Bruder sein Sohn, un hält sich hier bloß zum Verjnüjen een paar Dage uf."

Dem „Vergnügen der Einwohner" diente auch das kurzlebige Steglitzer Eisenbahntheater, über das man immer so viel Falsches zu hören bekommt, obwohl die noch vorhandenen Akten des „Kgl. Polizei-Präsidii zu Berlin" die wahren Tatsachen leicht zugänglich machen. Es wurde nicht von der Berlin-Potsdamer Eisenbahngesellschaft gegründet und betrieben, die 1838 als erste im preußischen Staat ihren Betrieb eröffnet hatte, sondern war ein privates Unternehmen des Schauspieldirektors Georg Wilhelm Metz, dem die Eisenbahn nur Zubringerdienste leistete. Am 24. Juni 1840 spielte das „Concessionirte Theater in Steglitz" zum ersten Male „auf dem hinter dem Garten des Gastwirts Stephani und der Eisenbahn belegenen Platze" — also auf dem Gelände des heutigen Steglitzer Kreisels. Nachdem man zwei Jahre später in einen neuerrichteten „Garten-Salon" umgezogen war, mußte man schon im gleichen Jahr mit dem Theaterspielen aufhören, weil kein geeigneter Schauplatz mehr vorhanden war; „indem der daselbst befindlich gewesene abgetragen ist" notierte der zuständige Polizeikommissar Cusig aus Schöneberg in den Akten.

In einem Vierteljahrhundert ist das Schloßpark-Theater unter seinem zielbewußten Intendanten Boleslaw Barlog zu einem festen Bestandteil des Berliner Theaterlebens geworden. Es wurde bald nach Kriegsende, am 3. November 1945, mit Curt Goetz' „Hokuspokus" eröffnet und setzte eine Überlieferung fort, die nicht mit dem Eisenbahntheater begann, wohl aber an gleicher Stätte — den früheren Wirtschaftsgebäuden des „Wrangelschlosses" — schon 1910 mit Operetten und Lustspielen ihren Anfang genommen hatte.

Hier, in dem 1804 von Heinrich Gentz für den Kabinettsrat und späteren Justizminister Beyme gebauten Gutshaus hat der volkstümliche Feldmarschall Wrangel von 1853 an im Sommer gewohnt, sein hanebüchenes Berlinisch mit den ans „Telsche Platt" gewöhnten Steglitzern gesprochen und den Mädchen und Frauen — sofern sie hübsch waren — in die roten Wangen gekniffen. Zuletzt kam er nur besuchsweise nach Steglitz, weil ihn das damals übliche Pfeifen der Lokomotiven auf der gegen seinen Willen eröffneten Bahnstation zu sehr störte.

„Opfer müssen gebracht werden"

Wissen Sie, wo Giesensdorf liegt? Die meisten Berliner — zumal jene, die in einer „anderen Ecke" zuhause sind — stutzen und können die Frage nicht beantworten. Bis auf den kleinen Feldsteinbau der Giesensdorfer Kirche an der Ecke Ostpreußendamm und Osdorfer Straße in Lichterfelde-Süd erinnert ja auch fast nichts mehr an den ehemaligen Guts- und Gemeindebezirk Giesensdorf, der Namen und Eigenleben 1877 zu Gunsten von Groß-Lichterfelde aufgab.

Giesensdorf war das, was Theodor Fontane einen „out of the way place" nannte. Es hatte auch einen „Kietz", übrigens den kleinsten in Berlin. Mittelpunkt dieses sogenannten „Beamtenkietzes" war und ist der Saaleckplatz. Nach Norden begrenzen ihn der Kreisbogen der Kaiserstraße, nach Süden die Koloniestraße. Beide Straßennamen verraten dem Kundigen schon etwas von der Geschichte des südlichsten Ortsteils des Bezirks Steglitz, der wie ein Pfeil in den Kreis Zossen hineinragt.

Es war im Jahre 1864, als der Hamburger Gütermakler und Bodenspekulant Wilhelm Carstenn nach Berlin kam, mit zweieinhalb Millionen Mark in der Tasche, die er mit der Anlegung und Erschließung der Villenkolonie Marienthal in Wandsbek verdient hatte. Die dort gewonnenen Erfahrungen wollte er nun in der aufstrebenden preußischen Hauptstadt nutzen, um durch ähnliche Parzellierungsvorhaben sein Kapital zu vermehren. Carstenn, der „Napoleon der Terrainspekulanten", war ein Mann von Scharfblick und Kombination, der genau wußte, daß Berlin wachsen und sich ausdehnen müsse. Er war davon überzeugt, die künftige Weltstadt, in der die Mietkasernen immer mehr überhand nahmen, müsse sich mit einem Kranz von Villenkolonien umgeben.

Carstenn erwarb die verschuldeten Güter Lichterfelde und Giesensdorf — insgesamt 4000 Morgen — für den günstigen Preis von 350 000 Talern. Das Getreide stand noch auf dem Halm, als Carstenn, unbekümmert um die bevorstehende Ernte, die ersten seiner kilometerlangen Straßen mitten auf dem Ackerland abstecken und mit Tausenden von Alleebäumen, die uns noch heute erfreuen, einfassen ließ.

Lichterfelde und Giesensdorf lagen damals weitab von Berlin und waren schwer erreichbar. Carstenn wußte selbstverständlich, daß sein Plan, aus Ackerland eine blühende Villenkolonie zu machen, nur gelingen konnte, wenn es eine bequeme und regelmäßige Verkehrsverbindung mit Berlin gab. Da die Berlin-Anhalter Eisenbahn das Gebiet durchschnitt, lag es nahe, mit der Bahngesellschaft wegen einer Haltestelle zu verhandeln. Die Gesellschaft — noch in Privatbesitz — lehnte zunächst ab. Sie gab erst nach, als Carstenn außer anderen Zugeständnissen eine Jahreseinnahme von 600 Talern garantierte und das Stationsgebäude auf eigene Kosten erbaute. Er war allerdings vorsichtig genug, so zu bauen, daß bei einem Fehlschlag aus dem Stationshaus eine Scheune zu machen war. Am 20. September 1868 wurde der Bahnhof Lichterfelde-Ost eröffnet.

Carstenn sorgte auch durch großzügige Land- und Geldschenkungen dafür, daß der Neubau der Hauptkadettenanstalt nicht am Zoo in Charlottenburg, sondern in Lichterfelde errichtet wurde. Mit den Kadetten kamen die

Offiziere, die Beamten und die „Rentiers". Diese Herren hatten im Jahr nur wenige Stunden zu arbeiten. Dann nämlich, wenn sie die Koupons ihrer Wertpapiere abschnitten, um Dividende zu kassieren.

Für alle neuen Ansiedler wurden Parzellen aufgeteilt und Häuser erbaut, über die ein Zeitgenosse folgendermaßen urteilte: „Es sind so ziemlich sämtliche Stilarten vorhanden von der ernsten altehrwürdigen romanischen Bauart bis zu dem ausgelassensten Barock; der heitere griechische Stil und der nüchterne nordische grenzen nachbarlich aneinander; ja selbst der Orient sieht seine wunderlichen Formen hier vertreten."

Als 1873 der „Gründerkrach" kam, ging es auch mit Carstenn bergab. Die für den Bau der Hauptkadettenanstalt eingegangenen finanziellen Verpflichtungen hatten ihn ruiniert. In langjährigenProzessen — sie führten bis zum Reichsgericht — erstritt er sich als „verarmter Geschenkgeber" vom Militärfiskus eine Jahresrente von 43 000 Mark sowie eine Nachzahlung von 180 000 Mark. Als Carstenn 1896 verbittert starb, fand er an der Lichterfelder Dorfkirche am Hindenburgdamm seine letzte Ruhestätte.

Unmittelbar bei dem „Beamtenkietz" gab es Ereignisse, die in die Geschichte der Technik eingegangen sind. Ab 1881 fuhr auf dem alten Gleis, das zum Transport der Materialien für den Bau der Kadettenanstalt vom Bahnhof Lichterfelde-Ost abgezweigt war, eine von Werner Siemens konstruierte elektrische Straßenbahn; sie war die erste der Welt.

Nur knappe 400 Meter sind es vom Saaleckplatz bis zur Lilienthal-Gedenkstätte an der Schütte-Lanz-Straße. Hier hatte sich Otto Lilienthal 1894 für seine Flugversuche auf eigene Kosten einen elf Meter hohen Hügel aufschütten lassen; hier übte er an jedem Sonntag und an jedem freien Nachmittag, den ihm der Beruf als Fabrikbesitzer ließ. Er hoffte, bei genügender Windstärke zum dauernden, mühelosen Segelflug zu kommen. Immerhin erreichte er Flüge bis zu 350 Metern. Seinen Zeitgenossen aber erschien das Unternehmen ohne Zukunft. Dennoch trieb die

Neugierde an den Sonntagen Scharen von Ausflüglern ins ländliche Giesensdorf. Sie lagerten mit Kind und Kegel am Fuße des „Fliegeberges“ und verfolgten jeden Lufthüpfer mit Lob und Tadel.

An einem August-Sonntag des Jahres 1896 stürzte Lilienthal in den Stöllner Bergen bei Rhinow (Mark) tödlich ab. „Opfer müssen gebracht werden“ waren seine letzten Worte. Lilienthals Grab ist auf dem früheren Giesensdorfer Gemeindefriedhof an der Langen Straße. Die Erinnerung an den ersten Flieger in der Geschichte der Menschheit wurde im inzwischen aufgelösten „Museum der Weltluftfahrt“ neben dem Lilienthalberg pietätvoll wachgehalten.

Die erste elektrische Straßenbahn der Welt in Lichterfelde, 1881

Dahlem, ein deutsches Oxford

Seit dem 4. Dezember 1948, als die spontan gegründete Freie Universität mit 2140 Studenten und 112 Lehrern in vier improvisierten Gebäuden im Villenvorort Dahlem ihr erstes Semester begann, hat sich dort ein „Forum academicum“ entwickelt, das hinsichtlich der Zahl seiner Studenten an dritter Stelle in Deutschland steht.

Nun, das ist allgemein bekannt. Doch wer weiß, daß Dahlem bereits zu Beginn unseres Jahrhunderts ein „deutsches Oxford“ werden sollte und planmäßig zum Sitz wissenschaftlicher Forschungsinstitute bestimmt wurde? Der damals allmächtige, gleichermaßen bewunderte wie angefeindete (und heute vergessene) Ministerialdirektor Friedrich Althoff, Hochschuldezernent im preußischen Kultusministerium, wollte sogar die Friedrich-Wilhelms-Universität von den „Linden“ an den Rand des Grunewalds verlegen.

Der preußische Domänenfiskus hatte sich in die überall in und um Berlin blühende Terrainspekulation eingeschaltet und 1901 die so lange verpachtete Domäne Dahlem zur Parzellierung freigegeben. Althoff, im steten Kampf mit dem Finanzminister zäher und wohl auch glückhafter als sein Senatskollege unserer Tage, erreichte es, daß rund hundert Hektar „für Staatsbauten reserviert“ blieben. Von diesen Flächen ist nach dem Einzug der Biologischen Bundesanstalt, dem Bundesgesundheitsamt, den verschiedenen Instituten der Max-Planck-Gesellschaft, dem Botanischen Garten und dem Materialprüfungsamt (die beide ursprünglich auf Dahlemer Boden lagen), dem Geheimen Staatsarchiv und dem Museum nur noch der ungefähr achtzehn Hektar große Acker an der Pacelliallee übriggeblieben, auf dem zur Zeit die technischen Anlagen von AFN, dem amerikanischen Soldatensender, stehen.

Noch um 1920 endeten unsere Schulausflüge dicht jenseits der Straße, die damals Cecilienallee hieß; denn hier begann bereits der Grunewald, was vereinzelte Kiefern bis heute belegen. Die meisten Straßen waren schon vorhanden, aber nur wenige Villen. Der Preis der Baustellen, die von der „Königlichen Kommission zur Aufteilung der Domäne Dahlem" angeboten wurden, kann nicht als billig bezeichnet werden. Er stellte sich je nach der örtlichen Lage auf 16 bis 50 Mark für den Quadratmeter; dabei war aber zu berücksichtigen, daß der Fiskus die recht aufwendigen Straßen auf seine Kosten gebaut hatte. Dahlems erste Ansiedler waren deshalb überwiegend höhere Beamte und vermögende Kaufleute, die im sozialdemokratischen Parteiorgan „Vorwärts" als „Strebergärtner" glossiert wurden.

Die Straßennamen — In der Halde, Am Hirschsprung, Falkenried, Vogelsang, Hohe Ähren, Auf dem Grat, um nur einige zu erwähnen — kommen uns recht gesucht vor, zumal sie nur vortäuschen, alte Flurbezeichnungen zu überliefern. Der so seltsam klingende Straßenname „Im Dol" war ein Zugeständnis an die slawophile Etymologie von 1903. Er erinnert auch an den seinerzeit die Gemüter erhitzenden, jahrelang tobenden Streit der Philologen um die Deutung des Ortsnamens. Dahlem, das in den ältesten Urkunden als „Dalm" vorkommt, bedeutet „Talheim" und „Im Dol" heißt „Im Tal", nur eben in slawischer Fassung. Da Dahlem aber nicht im Tal, vielmehr auf einer Hochfläche liegt, wird der Name wohl mit den Kolonisatoren des 13. Jahrhunderts aus der Altmark übertragen worden sein, wo er in der Form „Dahlen" mehrfach vorkommt.

Wie hoch Dahlem liegt, beweist die aktenkundige Tatsache, daß der Turm der St. Annenkirche in den Jahren 1832 bis 1849 zweite Relaisstation eines optischen Telegrafen war, der Berlin und Koblenz durch 61 Signalhäuser miteinander verband. Erste Station und Ausgangspunkt des ausschließlich Staats- und Militärmeldungen dienenden Telegrafen war die in der Luftlinie zehn Kilometer von Dahlem entfernte alte Sternwarte in der Dorotheenstraße in Berlin. Von Dahlem wurden die Nachrichten dann zwölf Kilometer weit zum Schäferberg bei Wannsee übertragen, auf dem noch nicht der 212 Meter hohe Fernmeldeturm der Deutschen Bundespost, sondern ein niedriges Signalhaus stand. Der Schäferberg dürfte damals nicht bewaldet gewesen sein.

Unter besonders günstigen Witterungsverhältnissen konnte eines der 4096 verschiedenen Signalzeichen des hölzernen Flügeltelegrafen in 20 bis 30 Minuten, eine aus 30 Zeichen — Wörtern bzw. Silben — bestehende Depesche in einer Stunde über die 587 Kilometer lange Strecke von der Spree bis zum Rhein telegrafiert werden. Die Erinnerung an die erste preußische Telegrafenlinie ist in Dahlem restlos ausgelöscht, jedoch im Post- und Fernmeldemuseum durch Stationsmodelle und alte Pläne wachgehalten.

An der Kreuzung der Pacelliallee mit der Königin-Luise-Straße bietet Dahlem auf engem Raum besonders viel Hübsches an alter Baukunst. Von den Gutsarbeiterhäusern sei abgesehen, auch vom Alten Krug, obgleich sie unter Denkmalschutz stehen. Der Alte Krug führt sein Entstehen nach einer Berliner Unsitte Jahrhunderte lang zurück. Dabei ist er nicht viel älter als hundert Jahre und entwickelte sich aus der Ende der 1860er Jahre dem damaligen Milchkühler der Domäne erteilten Schankkonzession.

Dieser hat den noch heute als „Dahlemer Vorzugsmilch" gepriesenen Kuhsaft schon im Eiskeller unter dem Denkmalhügel der Dorfaue gekühlt, den der Teltower Landrat und Dahlemer Gutsbesitzer Cuno Hans von Wilmersdorff anno 1709 erbauen ließ. Obwohl dieses Faktum durch meinen Freund Dr. Hans Pappenheim sogar Aufnahme ins „Reallexikon zur deutschen Kunstgeschichte" fand, gibt es immer noch Leute, die von einem Burgverlies, dem Anfang eines unterirdischen Ganges — wohin? — oder von einem Backofen fabeln.

Um 1680 ließ der Herr von Wilmersdorff auch das Gutshaus erbauen, wie das Allianzwappen Wilmersdorff-Hake an der zum Hof gerichteten Hauptfront besagt. Im Kern ist es aber weitaus älter und birgt in seinen Mauern eine mit reichem Sterngewölbe gezierte Kapelle aus dem Ende des 15. Jahrhunderts, die jetzt Trinkstube des hier wirkenden Instituts für Veterinär-Hygiene ist.

Das Glanzstück unter Dahlems historischen Architekturen (zu denen ich den 1913 auf Wunsch des Kaisers als niedersächsisches Fachwerkhaus unter Strohdach errichteten U-Bahnhof Dahlem-Dorf nicht rechne) ist die St. Annen-

St. Annenkirche in Dahlem, 1918

kirche. Wer zu den „upper ten“ gehört oder sich dazu zählt, läßt sich hier trauen und hier seine Kinder taufen. Auch, wenn er gar nicht in Dahlem wohnt. Der Kirchenraum, in dem der streitbare hessische Kirchenpräsident Niemöller während des „tausendjährigen Reiches“ seine trotzigen Predigten hielt, hat dank der reichen alten Ausstattung hohen Stimmungsreiz. Auch hier wieder Gewölbe aus dem 15. Jahrhundert, dazu ein Flügelaltar der Spätgotik, eine farbenbunte Kanzel von 1679 und die großen, wappengeschmückten Grabplatten der Wilmersdorffs. Mit umständlichen Inschriften in schöngeformten Frakturbuchstaben gedenken sie des 1720 verstorbenen Cuno Hans von Wilmersdorff, „gewesener etlich 30jähriger Landt Rath des Teltowischen Kreyses“, seiner Frau Catharina Elisabeth, geborene von Hake, und seines Sohnes Georg Friedrich, Dr. jur., Hauptmann, Domherr und Nachfolger des Vaters im Amt des Landrats, aber bereits 1714 gestorben „nach vielen ausgestandenen fatiguen, in deme Er so wohl in Ungern, alß Brabandt Zehen Campagnien wircklich mit bey gewohnet“. Doch von den Wandmalereien der Zeit um 1390 mit Szenen aus dem Leben des Heilandes und der Kirchenpatronin St. Anna ist ob mehrfacher Erneuerungen so gut wie nichts mehr zu erkennen.

Vom „roten Prinzen“ und der viehlosen Landwirtschaft

„Wie kam Düppel zu seinem Namen?“ Eine Frage, die ich schon oft zu beantworten hatte. Künftig wird sich das wohl erübrigen; denn ein Veterinärmediziner der Freien Universität, dem sein dienstlicher Wohnsitz in Düppel so gut gefiel, daß er ihn nach der Emeritierung beibehielt, hat auf einer Holztafel erneuern lassen, was bis 1945 — in Marmor eingemeißelt — am biedermeierlich-bescheidenen Gutshaus zu lesen war: „Durch die Gnade König Wilhelms I. wurde diesem vom Prinzen Friedrich Karl von Preußen im Februar 1859 gekauften Bauerngute Neu-Zehlendorf auf Antrag der Teltower Kreisstände zugleich auch in Anerkennung seiner Siege 1864 im Kriege gegen

Dänemark die Rittergutsqualität und die Benennung Rittergut Düppel laut Patent vom 13. Januar 1865 verliehen."

Dieses Rittergut Düppel war aus einem Zehlendorfer Bauerngut und einer ehemals zu Heinersdorf gehörigen Heide, dem heutigen Forst Dreilinden, zusammengewachsen. Der „rote Prinz", wie er nach der von ihm noch als korpulenter Generalfeldmarschall getragenen Attila der Rathenower Zietenhusaren hieß, hatte dem Vorbesitzer für die 2300 Morgen große Besitzung 95 000 Taler gezahlt, während jener vier Jahre zuvor dafür nur 70 000 Taler geben mußte.

Es war der Großdestillateur Josef Aloys Gilka, der 1836 in der Schützenstraße die noch bestehende Likörfabrik begründet hatte und den als Rohstoff für seinen beliebten Kümmel nun einmal unentbehrlichen Sprit in Düppel herstellen ließ. Die Brennerei steht auch heute noch in der Mitte des Gutshofes. Ein roter Backsteinbau unter steilem Dach, der seit Jahr und Tag zum Wohnhaus umgewandelt ist, aber durch den vierkantigen Schornstein unübersehbar auf die alte Zweckbestimmung hinweist. Es ist übrigens das älteste Gemäuer in Düppel und schon 1838 errichtet worden, als hier der Salzschiffahrtsdirektor Friedrich Wilhelm Heinrich Bensch residierte.

Bensch, der vor 40 Jahren dem alten Spandauer Weg in Zehlendorf seinen Namen gegeben hat, war in den Zeiten des 1867 aufgehobenen staatlichen Salzmonopols durch den Wassertransport des Salzes von Magdeburg nach Berlin (zum Salzufer, wo das Königliche Salzmagazin lag) zu Geld gekommen, das er in einem Zehlendorfer Bauernhof anlegte. Die 1826 dafür ausgegebenen 6000 Taler machten sich bezahlt. Bensch bekam nämlich in der Separation der bisher gemeinschaftlich bewirtschafteten Bauernländereien noch einen beträchtlichen Teil des weitab vom Dorfe belegenen Außenackers dazu, der wegen seines Sandbodens die Zehlendorfer nicht sonderlich interessiert hatte.

Hier draußen legte Bensch sein Vorwerk Neu-Zehlendorf an; auf dem „Berg", wie das Gelände zwischen der Pots-

Alte Brennerei in Düppel, 1960

damer Chaussee und dem Königsweg genannt wurde. Der Königsweg entsprach seinem Namen, ist doch der Alte Fritz zeitlebens durch den tiefen Sand dieser schnurgerade von Zehlendorf nach Kohlhasenbrück führenden Straße zwischen seinen beiden Residenzstädten Berlin und Potsdam hin- und hergefahren. Die Chaussee baute erst sein Nachfolger 1795 aus, so lange galt sie als „gemeiner Weg". Er sei sehr sandig und beschwerlich und führe durch eine schlechte und unangenehme Gegend, heißt es in der „Beschreibung seiner Reise von Berlin über Potsdam nach Rekahn unweit Brandenburg, welche er vom dritten bis achten Junius 1775 gethan hat" des Kgl. Preußischen Oberkonsistorialrats und Direktors des Berlinischen Gymnasiums zum Grauen Kloster, Anton Friedrich Büsching. Die Beschreibung selbst ist ebenso langatmig wie ihr Titel und benötigt mehr als 200 Seiten allein für die Erlebnisse des ersten Reisetages.

Büsching geht auch auf das Gebiet des heutigen Gutes Düppel ein, kennt es aber nur als „Hubertshaus“, eine im Zuge der „Peuplierungspolitik“ Friedrichs des Großen 1778 durch den Kammerrat Hubert angelegte Kolonistensiedlung von sechs Gehöften.

Drei von diesen existieren noch heute. Das eine ist das Kinderheim „Lindenhof“, wo vier neuzeitliche Erweiterungsbauten das alte strohgedeckte Haus umgeben, in dem der Alte Fritz nach einer unausrottbaren lokalen Mär gelegentlich Kaffeepause machte und sich auf der wohlerhaltenen Ofenbank aus friderizianischen Semper talis-Kacheln die steifgefrorenen Glieder wärmte. Das benachbarte Wirtshaus „Zum Wiesengrund“ ist ein weiteres. Aber es ist seit langem geschlossen; denn „Mutter Riewe“ ist nicht mehr, die hier während eines Menschenalters ihre Gäste bewirtete und Herz und Mund auf dem rechten Fleck hatte.

Auch „Mutter Mochow“ ist nur eine Erinnerung. Doch ihr früher allen deutschen Fernfahrern bekanntes Gasthaus steht als drittes der einstigen sechs „Hubertshäuser“ in der Gestalt, die es 1897 erhielt, immer noch an der Potsdamer Chaussee 87, obwohl es bereits 1941 mit Rücksicht auf das „Verkehrsinteresse“ abgebrochen werden sollte.

Doch zurück zum Gutshof Düppel, der jetzt ein Zentrum der Veterinärmedizin und des Reitsports darstellt. Besonders am Sonntagvormittag lohnt der Spaziergang unter den alten Eichen des Königswegs, da sich dann die 50 bis 60 Pferde, die ständig in den Düppeler Stallungen stehen, unter ihren mehr oder minder geschulten Reitern auf den weiten Koppeln tummeln.

Das 1927 für über elf Millionen Mark von der Stadt Berlin gekaufte Gut Düppel hatte ab 1875 der Landesökonomierat Ernst Ring pachtweise bewirtschaftet und dort bis zu seinem frühen Tode im Jahre 1906 gezeigt, daß man auch auf leichtestem Sandboden 7. und 8. Klasse durch konsequente Verwendung von Grün-, Kunst- und städtischem Dünger und dem Anbau von Eß- und Saatkartoffeln eine ertragreiche Wirtschaft führen kann. Ring plädierte für die „viehlose Landwirtschaft". Den unentbehrlichen Dünger holte er sich aus den Ställen der Berliner Gardekavallerie und vom Zentralviehhof. Als der Preis des Düngers in den 1880er Jahren erhöht wurde, verstand es der im preußischen Abgeordnetenhaus auch parlamentarisch tätige Ring, die Landwirte von Teltow und Barnim zu einem „Düngerstreik" aufzurufen und auf diese, damals noch ungewöhnliche Weise den Preis herabzumindern.

In einem kleinen Wäldchen zwischen Königsweg, Clauertstraße und Benschallee war der Friedhof von Düppel, der wegen seiner verwunschenen Lage inmitten des märkischen Kiefernwaldes landschaftlich besonderen Reiz hatte. Die vor einigen Jahren noch erkennbaren Grabhügel sind verschwunden, zum Teil unter „Wohlstandsmüll", den gewissenlose Zeitgenossen hier abgeladen haben.

Auf der anderen Seite des Königswegs umschließt ein hoher Zaun das Landschaftsschutzgebiet „Krummes Fenn" mit den Radaranlagen der amerikanischen Schutzmacht. Hier wird seit 1967 von einem Team des Museums für Vor- und Frühgeschichte ausgegraben, was die ersten Zehlendorfer vor bald 800 Jahren in ihrer aus fünf kleinen Gehöften bestehenden Streusiedlung hinterlassen haben: Bruchstücke von Keramik sowie Gebrauchsgegenstände, die erkennen lassen, daß damals deutsche und slawische Siedler gemeinsam an der Urbarmachung der Gegend arbeiteten.

„Wahnsinnsbahn auf Conrädern“

Genau hundert Jahre ist sie alt geworden, dann war ihr Schicksal besiegelt. Gemeint ist die „Villa Alsen“, Königstraße 4 in Wannsee, das erste Haus der ältesten und schönsten Villenkolonie Berlins. Das Gelände des hier befindlichen Bootshauses Wannseeblick mußte ein Terrassenhaus mit Appartements aufnehmen, und diesem lukrativen Projekt stand das unansehnlich gewordene geschichtsträchtige Bauwerk im Wege.

Doch hat sich niemand darüber aufgeregt. Wir schreiben nicht mehr 1960, als die traditionsbewußten „Wannseeaten“ lauthals gegen den Bau des achtgeschossigen Kurhauses Wannsee protestierten. Inzwischen hat man sich an das Hochhaus gewöhnt.

Die durch den Kaiserhof und das Lessing-Theater bekanntgewordenen Architekten von der Hude und Hennicke haben die Villa Alsen 1870 für den Bankier Wilhelm Conrad, Chef der Berliner Handelsgesellschaft, erbaut. Sieben Jahre zuvor hatte Conrad die „Kolonie Alsen“ als Keimzelle des heutigen Zehlendorfer Ortsteils Wannsee gegründet; auf den 300 Morgen Heideland, die er dem Gastwirt Höltzmann samt dem Kruggrundstück für 25 000 Taler abgekauft hatte.

„Alsen“ wurde sie genannt wegen der Nachbarschaft des Rittergutes Düppel, dessen Ländereien bis zum Ostufer des Wannsees reichten. Beide Namen verherrlichten die Waffentaten des Düppeler Gutsherren, Prinz Friedrich Karl, im dänischen Feldzug, an den auch die Kopie des „Flensburger Löwen“ auf Heckeshorn erinnert. Das 1853 von dem Thorwaldsen-Schüler Bissen zum Gedenken an den dänischen Sieg von Idstedt geschaffene Denkmal war als Kriegstrophäe nach Berlin gekommen; 1946 wurde es an Dänemark zurückgegeben.

Was Conrad vorhatte, war eine Villenkolonie nach dem Hamburger Muster von Uhlenhorst. Der glänzende Aufschwung, den die junge Gründung nahm, rechtfertigte seinen Optimismus. Anfangs war Zehlendorf die nächste

Bahnstation, und eine Art „Geleitzug“ von mehreren Pferdefuhrwerken verband sie mit Wannsee. Als 1874 die von Conrad angeregte und finanziell geförderte Wannseebahn eröffnet wurde, spottete man noch über die auf „Conrädern“ fahrende „Wahnsinnsbahn“. Aber Conrads erstem, eigenen Haus folgten die Villenbauten des Bankiers von der Heydt, des Malers Oskar Begas und des Baumeisters Kyllmann. Diesen schlossen sich dann in rascher Folge namhafte Persönlichkeiten aus Bank-, Gelehrten- und Künstlerkreisen an. Sie wohnten nur im Sommer „draußen“, im Winter weilten sie als „Personen vom Stande“ in der Haupt- und Residenzstadt. Erst die Wohnungsnot nach dem Weltkrieg 1914—1918 zwang sie, ihre Sommerpaläste für den Aufenthalt im Winter umzubauen, sie mit Zentralheizung, Doppelfenstern und dergleichen Notwendigkeiten zu versehen.

Die Villa Alsen nahm den Platz des „Neuen Kruges“ ein, der zugleich mit der 1791 bis 1795 von Carl Gotthard Langhans angelegten Berlin-Potsdamer „Steinbahn“ entstand. Sie war die erste Chaussee in den preußischen Staaten und machte den Krug für Jahrzehnte zum Mittel-

Stimmings Krug nach dem Bauentwurf von 1791

punkt des äußerst lebhaften Post- und Fuhrwerkverkehrs zwischen Berlin und Potsdam. Wegen seiner herrlichen Lage wurde er auch ein vielbesuchtes Ausflugslokal, vornehmlich an den „Pfaueninseltagen“ — Dienstag und Donnerstag —, wenn das idyllische Haveleiland der Bevölkerung zugänglich war.

Die „wahrhaft romantische Aussicht“ auf den Wannsee von „Stimmings Krug“, wie er nach seinem Besitzer hieß, rühmte schon Lilli Parthey, des Buchhändlers und Berlin-Topografen Friedrich Nicolai jung verstorbene Enkelin in einer Tagebuchnotiz aus dem Jahre 1820. Ungefähr gleichzeitig ist der hübsche Kupferstich „Der Wannensee zwischen Berlin und Potsdam“ von Friedrich Wilhelm Delkeskamp, der während seiner Berliner Studienjahre noch einige andere Ansichten aus der weiteren Umgebung unserer Stadt zeichnete.

Stimmings Krug ist durch Heinrich von Kleist zu trauriger historischer Berühmtheit gelangt. Der an sich und dem Vaterland verzweifelnde Dichter und seine unheilbar kranke Freundin Henriette Vogel hatten die letzten Stunden vor ihrem gemeinsamen Tod am 21. November 1811 hier zugebracht.

Der Grabstein in dem von Bootshäusern eingezwängten kleinen Waldpark an der Bismarckstraße, wo Kleist „mit so klarer Besonnenheit, mit so starrer Tapferkeit“ aus einem Leben schied, das nur 34 Jahre währte, trägt jetzt die Worte des Prinzen von Homburg: „Nun, o Unsterblichkeit, bist du ganz mein.“ Der 1861 an Kleists 50. Todestag von dem Arzt und Schriftsteller Max Ring gesetzte Stein mit den so oft zitierten, sentimentalen Versen

„Er lebte, sang und litt
in trüber schwerer Zeit;
er suchte hier den Tod
und fand Unsterblichkeit“

kam 1936 ins Märkische Museum. Dort überstand er wunderbarerweise auch den Bombenkrieg.

Kleinglienicke — unser Potsdam-Ersatz

Etwas entlegen ist er zwar, der südwestlichste Zipfel unseres Stadtgebietes, dafür aber um so reizvoller, und sein Besuch ist nicht nur denen zu empfehlen, die ihn noch nicht kennen, sondern auch allen Berlinern, die ihren Urlaub zu Hause verbringen müssen oder wollen. Kleinglienicke habe ich im Sinn, das sich bei den Kennern von jeher besonderer Beliebtheit erfreut.

Hier sind Natur und Kunst aufs glücklichste vereint. Die zum Jungfernsee ausgeweitete Havel mit ihren waldgesäumten Ufern bietet ein charakteristisches Stück märkischer Landschaft, und der Freund berlinischer Baugeschichte entdeckt eine Fülle von Erinnerungen an die geistige und künstlerische Kultur des beginnenden 19. Jahrhunderts. Hier findet das „insulare“ Berlin von heute das wieder, was man früher in Potsdam bewunderte. Der Schlagbaum vor der „Brücke der Einheit“ — so hat die DDR die Glienicker Brücke getauft — trennt uns trotz des Namens nun schon seit dem Jahre 1952 von der bezaubernden Havelresidenz.

Vor gut vierzig Jahren ging der Kleinglienicker Schloßpark in das Eigentum der Stadt Berlin über, die im nunmehrigen „Volkspark“ einige verwitterte Tafeln beseitigte, auf denen zu lesen war: „Auf Höchsten Befehl wird hierdurch bekannt gemacht, daß der hiesige Garten wie bisher dem Publikum nicht geöffnet werden kann. Klein-Glienicke, den 7. Mai 1824.“ Über hundert Jahre lang hatte man in den geheimnisumwitterten Park nur von außen hineinschauen können, und nur wenige Berliner haben die ganze Herrlichkeit erlebt, die sich hinter Mauern und Gittern verbarg. Der Glienicker Schloßherr, Prinz Carl von Preußen — ein Bruder des alten Kaisers —, sein Sohn Friedrich Karl und der extravagante Enkel Friedrich Leopold hielten ihren wundervollen Besitz der Außenwelt gegenüber verschlossen, bis Steuerschulden und die Zeitverhältnisse den Urenkel des Prinzen Carl zum Verkauf zwangen. Nur war das Schloß mittlerweile verwahrlost und verrottet, die Gärten verödet, und der Park hatte sich zu einer romantischen Wildnis entwickelt; er war zu

einer Stätte der Vergänglichkeit und der Melancholie geworden.
Dann hatten der Krieg und die Nachkriegsjahre den Baulichkeiten und Kunstwerken weitere schwere Schäden gebracht; vieles war verschwunden oder mutwillig zerstört. Jetzt ist „die strenge Einheit von Architektur und Natur“ nach dem alten Plan des großen Landschaftsgärtners Lenné wieder hergestellt. Ein langwieriges und kostspieliges Werk, das hauptsächlich dem 1957 verstorbenen Landeskonservator Scheper zu verdanken ist.
Ein Teil des Glienicker Besitztums ist noch heute der Öffentlichkeit verschlossen: Das südlich der Königstraße stehende Jagd- oder Winterschloß, in dem eine Jugend-Bildungs- und Begegnungsstätte sowie ein Heim für neurotisch gestörte Kinder untergebracht sind. Äußerlich erinnert es an die von französischen Rotweinetiketten her bekannten „Chateau-Schlösser“ der Neorenaissance, im Kern ist es noch das 1682 errichtete Jagdschloß des Großen Kurfürsten, das 1889 sein heutiges Aussehen bekam. Der 1960 geplante Abbruch zugunsten eines „modernen Hauses“ ist nicht zuletzt dank der wachsamen Berliner Presse verhindert worden. Auch das Abgeordnetenhaus setzte sich für das historische Gebäude ein, das einmal Lazarett der „langen Kerls“ des Soldatenkönigs Friedrich Wilhelm I. war. Schließlich begnügte man sich mit einem Umbau, der das Äußere im wesentlichen konservierte.
Das erst 1975 abgerissene Haus hinter der DDR-Grenzmauer war ursprünglich Sitz des prinzlichen Hofmarschalls. Später barg es das „Restaurant Glienicke“, und die exquisite Küche wurde gerühmt. Hier warteten Gustav Fernau, dann Fritz Schmalriede mit „allen Delikatessen der Saison“ auf. Wer die Spezialität des Hauses — Krebse und Erdbeerbowle — jemals in lauer Sommernacht genossen hat, wird das wohl sein Leben lang nicht vergessen.
Den Zugang zum Sommer- oder Lustschloß auf der Nordseite der Landstraße nach Potsdam öffnet ein prachtvolles Gußeisenportal mit vergoldeten Greifen. Das bekrönte Spiegelmonogramm des Prinzen Carl, krepierende Granaten und das achtspitzige Johanniterkreuz zeugen dafür,

Jagdschloß Kleinglienicke, 1880

daß der Sohn Friedrich Wilhelms III. und der Königin Luise Generalfeldzeugmeister, Chef der preußischen Artillerie und Herrenmeister des Johanniterordens war. Seine Vorliebe für historische und künstlerische Schaustücke hat den Park von Kleinglienicke zu einem Freilichtmuseum werden lassen.

Prinz Carl kaufte in Griechenland, Rom, Pompeji, Karthago, aber auch in Trier antike und mittelalterliche Plastiken, Reliefs, Architekturfragmente jeder Form, Säulen, Gesimse, Schalen und Sarkophage. Wir sehen sie überall, an den Hofwänden des 1827 von Schinkel aus einem schlichten Gutshaus des 18. Jahrhunderts zu nobler Gestalt umgebauten Schlosses, in dem seit 1951 die Berliner Sport-Toto-GmbH. ein Erholungsheim betreibt, ferner an der Großen und Kleinen Neugierde.

Sie fragen neugierig, warum die beiden Pavillons so heißen? Hier konnte man beobachten, wer zu Pferd oder Wagen nach oder von Potsdam kam. Und man sah alles, ohne selbst gesehen zu werden.

Die 1838 von Schinkel nach einem Vorbild in der Villa Medici entworfene schöne Löwenfontäne springt leider nur selten, weil sie ihr Wasser aus der gleichen Pumpe wie die Kaffeeküche bezieht, und an schönen Tagen reicht es eben nur für die Gäste.

Besonders reich an marmornen „Souvenirs", für die der fürstliche Kunstsammler als Bruder eines Königs — Friedrich Wilhelm IV. — und Kaisers — Wilhelm I. — bestimmt keine Ausfuhrgenehmigung benötigte, sind das auch im Innern originalgetreu wiederhergestellte Kasino am ausblickreichen Höhenrand über der Havel, ein Stück Italien auf märkischem Boden, und der 1850 nach venezianischem Vorbild unter Verwendung von Architekturresten und Plastiken aus ganz Europa aufgebaute stimmungsvolle Klosterhof.

Das schönste in Kleinglienicke aber ist für mich der herrliche alte Baumbestand, unter dem sich wahre Prachtexemplare befinden. So Berlins stärkste Linde an der Löwenfontäne, die ein halbes Jahrtausend alt sein dürfte, und die einzigartige Blutbuchengruppe im Wiesengrund westlich des Schlosses.

Überhaupt die Buchen. In dem hügelauf, hügelab bis Moorlake und Nikolskoe sich erstreckenden Hochwald bilden sie auf weite Strecken geschlossene Bestände, wie die älteren Berliner sie nur vom nahen und doch so schwer erreichbaren Liepnitzsee bei Bernau kennen.

Rund um das „Rondell“

„Ein Spaziergang im alten Berlin“ lautete das Thema einer Ausstellung des Berlin-Museums, mit der es seine vielen Freunde noch vor der offiziellen Eröffnung des neuen Heims im wiedererstandenen Alten Kammergericht in die Lindenstraße lockte. Wenn man die vielen graphischen Blätter mit ihren wehmütig und traurig stimmenden Erinnerungen an das Berlin von einst betrachtete, wurde der Wunsch wach, in der näheren Umgebung nach dem zu fahnden, was war, was blieb.

Wenn auch kaum mehr als die Straßenschilder daran erinnern, ist man schließlich in einer geschichtsträchtigen Gegend: der südlichen Friedrichstadt, die seit 1920 zusammen mit der Luisenstadt und der Tempelhofer Vorstadt den arbeitssamen Bezirk Kreuzberg bildet. Vor dem Bombenkrieg war er mit sieben Theatern und drei Museen sozusagen der „Bezirk der Musen und Museen“. Von den Theatern blieben ganze zwei, von den alten Museen keines. Auch den „Bezirk der Kasernen und Brauereien“ konnte man ihn nennen. Einer oder der anderen der zumeist noch vorhandenen, seit Jahrzehnten friedlichen Zwecken dienenden Kasernen werden wir noch begegnen, vielleicht auch einer von ehemals fünf sehr populären Braustätten.

Das neue schöne Haus des Berlin-Museums ist aus einer schon dem Abbruch geweihten Ruine glanzvoll auferstanden. Es hat neben den überlieferten Architekturformen des Barocks auch das ockergelbe Farbkleid jener Zeit erhalten, die es liebte, selbst steinerne Gartenfiguren zu vergolden oder „auf Porzellainarth", also weiß, zu bemalen. Folgerichtig prunken die einzelnen Felder des ebenfalls erneuerten großen preußischen Staatswappens im Giebel in leuchtender Farbenpracht, beschirmt von den Symbolfiguren der Justitia mit Schwert und Waage und der Veritas mit dem Spiegel in der Hand. Unter Friedrich Wilhelm I., dem „Soldatenkönig", im Jahre 1735 als erstes, ausschließlich für eine Behörde bestimmtes Dienstgebäude Berlins errichtet, war es bis zum Ersten Weltkrieg Sitz des Kammergerichts. Hier haben E. T. A. Hoffmann und Willibald Alexis amtiert. Hier wurden auch die juristischen und später die theologischen Staatsprüfungen abgenommen. Wenige Häuser weiter mußten sich die Offiziere der „Ober-Militär-Examinations-Kommission" stellen. Das ließ die „Angstkonditorei" auf der anderen Straßenseite florieren, in der Bräute, Frauen und andere Angehörige der Prüflinge Stunden um Stunden des Ausgangs der Examen harrten.

Ein paar Schritte weiter bezeugt der Mehringplatz, daß der vielgeschmähte Soldatenkönig durchaus nicht den unkünstlerischen Sinn hatte, den man ihm lange nachsagte. Ihm verdanken wir nicht nur den schönsten Kirchturm unserer Stadt, den der wohlbehalten über den Krieg gekommenen Sophienkirche, und die leider restlos zerstörten vornehmen Palais der Wilhelmstraße, sondern auch die weiträumige Vergrößerung Berlins bis zum Quarré (Pariser Platz), Oktogon (Leipziger Platz) und dem Rondell, wie der Mehringplatz bis zu seiner ersten Umbenennung in Belle-Alliance-Platz anno 1815 hieß.

Zum 25jährigen Jubiläum der Befreiungskriege setzte Cantian, der auch die bekannte Granitschale im Lustgarten schuf, die Friedenssäule in die Platzmitte, und Rauch krönte sie mit einer seiner vielen Viktorien.

Später kamen noch einige andere Denkmäler auf den 180 Meter weiten Platz, jedoch wurden sie samt dem Häuserring im letzten Krieg zerstört. Als die Platzwände noch ringsum geschlossen waren, gab es hier ein gutes Echo. Ein Besucher aus der Provinz wollte es auf Anraten seines Gastgebers einmal ausproben und rief über den Platz: „Mathilde, liebst du mich?" Das Echo antwortete: „Mir!"

Nach mancherlei Projekten, die auch unmögliche Lösungen vorsahen, entschied man sich für den Plan von Hans Scharoun, der zwar die vom Mehringplatz ausstrahlenden Linden- und Wilhelmstraße kassiert, aber die historische und so charakteristische Kreisform des Platzes beibehält. Berlins Ehrenbürger entwarf auch den ersten Neubau am Mehringplatz, das Hochhaus der Allgemeinen Ortskrankenkasse.

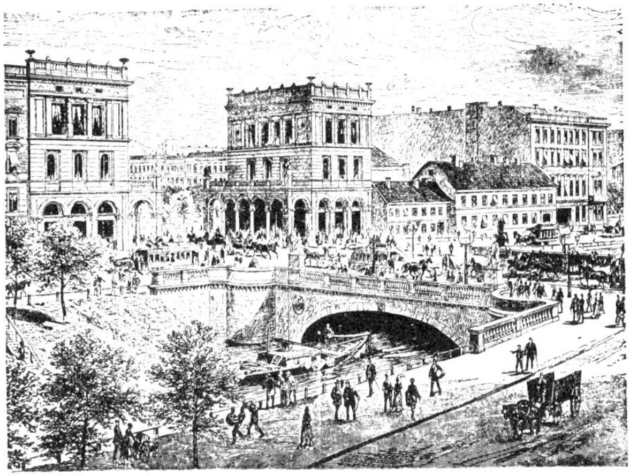

Am Halleschen Tor, 1880

Weiter wandernd werden ältere Leser wohl den „Magistratsklavieren" nachtrauern — vornehmen Wohnhäusern im Schinkelstil mit Bogenhallen im Erdgeschoß —, die Hofbaurat Strack 1879 als städtebauliche Akzente an die Stelle des früheren Halleschen Tores gesetzt hatte. Diese Stadtpforte gen Süden, von der aus seit dem Mittelalter eine vielbefahrene Landstraße ins schöne Sachsenland führte, war eines von etwa zwanzig Toren der 1868 niedergelegten Stadtmauer von 1735. Ihr Verlauf ist noch immer an dem durchgehenden Straßenzug mit den vielen Tornamen kenntlich. Fortifikatorische Bedeutung hatte sie schon damals nicht, als sie gebaut wurde; sie sollte das Desertieren der Soldaten verhindern, in erster Linie aber eine wirksame Zollkontrolle ermöglichen. Die 1875 als nicht mehr zeitgemäß aufgehobene Mahl- und Schlachtsteuer sah für fast alle vom Lande eingeführten Lebensmittel Zollabgaben vor. Was die Berliner, helle, wie sie schon immer waren, nicht davon abhielt, den Steuerfiskus so oft wie möglich übers Ohr zu hauen.

Wenn die Familie sonntags zur Abendstunde von der Landpartie nach Tempelhof oder Mariendorf, von Rixdorf oder Britz in die Stadt zurückkehrte, hatte die kleine Tochter wenigstens eins der beliebten Landbrote in ihrem Puppenwagen, der Jüngste mindestens ein Pfund Mehl auf die verschiedenen Hosentaschen verteilt, Mutter fünf Koteletts unter dem alles verbergenden Krinolinenrock und Vater eine tüchtige Portion Gehacktes unter dem Zylinder. Oft gings gut, aber nicht immer, denn die „Visitatersch" — wie die mit der Zollvisitation betrauten Beamten im Volke hießen — kannten schließlich ihre Pappenheimer ...

Lang ist's her, daß man beim Passieren des Halleschen Tores gefragt wurde, ob man „Jerste, Jraupen, Jrütze oder Jrieß" zu verzollen hätte, aber im U-Bahnhof Hallesches Tor kann man noch immer für den Volkslauf trainieren, wenn man auf die Linie 6 von Tegel nach Mariendorf — oder umgekehrt — umsteigen muß. Es war ja noch vor der Gründung der BVG, als 1923 endlich die bereits seit 1902 auf dem „Magistratsregenschirm" in der Gitschiner und Skalitzer Straße verkehrende U-Bahn der privaten „Hochbahngesellschaft" und die stadteigene Nordsüdbahn, an der man seit 1912 gebaut hatte, miteinander verbunden werden konnten. Dem damaligen Zwiespalt zwischen Hochbahngesellschaft und Stadt verdanken wir die nicht gerade zweckmäßige Verbindung des Hochbahnhofs mit dem unter dem Mehringplatz liegenden Bahnhof durch den bis heute vielgelästerten „polnischen Korridor".

Ein richtiger Berliner Junge versäumte früher nie, auf der „Halleschen Torbrücke" — sie heißt jetzt Mehringbrücke — die damals sehr viel öfter als heute verkehrenden Schlepp- oder Ausflugsdampfer abzuwarten, um den Moment des Schornsteinumlegens nicht zu verpassen. Es war ein besonderer Sport, zielsicher in den düster qualmenden Schlund des Schornsteins zu spucken. Doch das wußte auch der Bootsmann, der die Berliner Jungen kannte, und oft genug bekam man den mit geübtem Schwung hochgeschütteten Inhalt eines Wassereimers ins verdutzte Gesicht.

Die träge dahinschleichenden Fluten des Landwehrkanals werden, wie mir scheint, von Jahr zu Jahr schwärzer. Seine tristen Steinwände sind auch nicht dazu angetan, das Bild freundlicher zu gestalten. Streckenweise hat man die 1883 bis 1890 für 3 600 000 Goldmark angelegten Ufermauern zugunsten von Grünstreifen wieder beseitigt und damit dem Kanal wenigstens annähernd das Aussehen zurückgegeben, das ihm der berühmte Landschaftsgärtner Peter Joseph Lenné in den Jahren 1845 bis 1850 verliehen hatte. Der Wasserlauf ist übrigens uralt; um 1450 wurde er zur Entwässerung und Begrenzung der Ackerfeldmark von Kölln als „Wehre des Landes“ angelegt, gegen 1705 reguliert und seitdem auch Floß- oder Schafgraben genannt.

Vor 150 Jahren war der „grüne Strand“ des Landwehrkanals durch Tafeln mit der Aufschrift „Badestelle“ offiziell zum Baden freigegeben. „An eine solche begab man sich auf dem außerhalb der Stadtmauer laufenden Wege, entledigte sich seiner Kleidungsstücke, trug sie durch das drei bis vier Fuß tiefe und zehn bis fünfzehn Schritt breite Wasser nach dem linken Ufer und belustigte sich dann in der Feuchtigkeit, so gut es ging. Der Gebrauch von Badehosen war hier weder üblich noch vorgeschrieben; die Vorschrift wäre auch schon deshalb unangebracht gewesen, weil kein Mensch vorhanden war, der nach solchem Luxuskleidungsstück oder nach sonst irgend etwas hätte fragen können.“ So berichtete der alte Holtze und fügte hinzu: „Eine holländische Windmühle nahe der Kottbusser Brücke war das einzige Bauwerk auf der weiten Ebene.“

Ganz so einsam war es nun doch nicht vor dem Halleschen Tor; denn dort, wo seit 1954 die Amerika-Gedenkbibliothek ihre Benutzer mit geschwungener Rasterfront empfängt, lag „Neu-Amerika“. Die ältere Generation verknüpft das 1910 abgerissene große Haus am Blücherplatz in ihrer Erinnerung mit dem Hauptquartier der Heilsarmee, das noch immer mit dem alten Namen bezeichnet wurde, obwohl ihm dieser gar nicht mehr zukam. Hier lag seit ungefähr 1750 eine „Tabagie“, eine Gartenwirtschaft, in der man rauchen konnte; denn in der Stadt war's ja bis 1848 verboten, auf den Straßen zu rauchen. In einer Zeitungsanzeige von 1787 wird „Neu-Amerika“ als „Indianischer Garten, nebst den schönsten Sorten Obstbäumen ausgezieret, mit Prospecten und Figuren“ angepriesen, und es heißt erläuternd, er sei in zwölfjähriger Arbeit auf einem „Müllberg“ angelegt worden.

Diesen Müllberg bestätigten die Ausschachtungen für den Neubau der Gedenkbibliothek. Fand man doch zahlreiche Scherben von Porzellan und Fayence mit dem bunten Dekor des Barocks sowie Flaschenbruchstücke mit den eingepreßten Marken märkischer Glashütten aus den Jahren 1739 bis 1766. Anscheinend hatte hier einmal die „Schuttkippe“ der jungen Friedrichstadt gelegen.

Mancher wird nun meinen, das spätere „Etablissement Neu-Amerika“ sei auch bestimmend für den Namen der Bibliothek gewesen. Die Bibliothek war ja als eine Art „Blockadebonbon“ aus dem Fonds zur Förderung gemeinsamer Ziele der Vereinigten Staaten und der Bundesrepublik Deutschland von den USA gestiftet worden, doch von den Beteiligten wußte niemand, was einst hier gewesen. Das kam erst später, kurz vor ihrer Eröffnung.

Man hätte sie aber auch Fontane-Gedenkbibliothek nennen können. Dort, wo sich der Parkplatz der Bibliothek befindet, Mehringdamm 3/5, hat nämlich der märkische Wanderer von 1859 bis 1863 gewohnt. Diese Jahre sind in Fontanes Leben von Bedeutung gewesen: 1860 trat er in die Redaktion der Kreuzzeitung als „Redakteur des englischen Artikels“ ein. Im selben Jahr begann er hier vor dem Halleschen Tor mit seinen unsterblich gewordenen „Wanderungen durch die Mark Brandenburg“, deren erster Band die Jahreszahl 1862 trägt, den Lesern aber bereits Weihnachten 1861 vorlag.

Ein Stündchen vor dem Halleschen Tor

„Übrigens Recht hat er gewiß nicht, uns so quasi herauszuwerfen, die Leute müssen ja denken, wir haben die Miethe schlecht bezahlt“ klagte Emilie Fontane 1862 in einem Brief aus der schlesischen Sommerfrische an ihren Dichtergatten, der gerade den Umzug von der Belle-Alliance-Straße (dem heutigen Mehringdamm) in die Alte Jakobstraße 171 vorbereitete. „Er“ war der Hauswirt, ein Holzhändler Degebrodt, mit dem es wohl „Zopp“ gegeben hatte. Im Gegensatz zum Vorbesitzer, der als freundlicher „Kinderwirt“ einen legendären Ruf genoß, hatte sein unfreundlicher Neffe anscheinend kein Herz für größere Familien, die wie Fontanes in bedrängten wirtschaftlichen Verhältnissen lebten. Auch der Maurermeister Wilhelm Riehmer, der 1859 das Degebrodtsche Fontane-Haus erbaute, vermietete später die 5—7-Zimmerwohnungen seines „Hofgartens“ nur an kinderlose Ehepaare, und das, obwohl er selbst Vater von neun Kindern war.

Schräg gegenüber der Stelle, wo sich einst das Degebrodtsche Haus erhob, steht mit zinnenbewehrten Türmen wie eine Mischung aus normannischer Trutzburg und florentinischem Palazzo die alte Dragonerkaserne, in der jetzt das Finanzamt Kreuzberg-Süd seinen Sitz hat. Es wird auch weiterhin hier bleiben; denn der vor längerer Zeit erörterte Plan, das altersgraue Gemäuer im Zuge der neuen Verkehrsplanung abzureißen, ist inzwischen gegenstandslos geworden. Die neue Straße führt im schlanken Bogen um die Kaserne herum, und für die Fußgänger hat man an der nördlichen Ecke eine Kolonnade geschaffen, die sich so gut in den Bau einfügt, daß man annehmen könnte, sie sei von jeher vorhanden gewesen. Wegen ihrer städtebaulichen und historischen Bedeutung ist die 1853 errichtete Kaserne sogar unter Denkmalschutz gestellt worden.

Als König Georg V. von England im Mai 1913 zur Hochzeit der einzigen Tochter Kaiser Wilhelms II. mit dem Herzog von Braunschweig-Lüneburg nach Berlin kam, versäumte der britische Monarch es nicht, sich die Uniform des „1. Garde-Dragoner-Regiments Königin Victoria von Großbritannien und Irland“ anzuziehen und in Begleitung des als englischer Feldmarschall gewandeten Kaisers in der Belle-Alliance-Straße seinem Regiment einen Besuch abzustatten.

Seit dem Aufenthalt Georgs V. in Berlin waren auf den Tag genau 52 Jahre vergangen, als Königin Elisabeth II. am Himmelfahrtstag 1965 an der Spree den Höhepunkt ihres triumphalen Staatsbesuchs in Deutschland erlebte, auch wenn dieser Abstecher in die alte Hauptstadt nur 335 Minuten lang dauerte. Uniformanziehen und Visite in der Dragonerkaserne standen diesmal nicht im Besuchsprotokoll, aber an Glanz und Gloria von einst erinnerte die Queen das Gastgeschenk des Senats: ein schnieker weißer Lederband mit den Fotos und Zeitungsberichten vom Monarchenbesuch anno 1913.

Wer der Gardedragoner gedenkt, darf Hermann Baarz nicht vergessen, den überaus beliebten Musikmeister dieser stolzen Truppe. Der „schöne Hermann“ war das Entzücken der Berliner Frauen und Mädchen, die Musikfreunde aber lobten sein mit vollendeter Meisterschaft geblasenes Cornet à Piston, auch die Tatsache, daß er mit seiner Kavalleriekapelle des öfteren Streichmusik spielte. Nun ruht er schon lange Jahre hinter der roten Mauer am Mehringdamm, die den „Halleschen Kirchhof“ begrenzt. Hier, wo seit 1735 die Jerusalems- und Neue Kirche, die Dreifaltigkeitsgemeinde, die Böhmische und die Brüdergemeine ihre Toten zur Ruhe betten, ist das alte Berlin mit seinen bürgerlichen Vertretern von Kunst und Wissenschaft versammelt.

Neben Adelbert von Chamisso und E. T. A. Hoffmann, Adolf Glaßbrenner und Felix Mendelssohn-Bartholdy ruht auch ein Landfremder fürstlichen Geblüts: der Erzherzog Leopold von Habsburg-Lothringen, ein Neffe des österreichischen Kaisers Franz Joseph. Wegen einer nicht standesgemäßen Heirat verzichtete er 1902 auf Rang und Titel, nahm den Namen Leopold Wölfling an und lebte bitterarm, aber zufrieden, im Hause Mehringdamm 53 bis zu seinem Tode 1935.

Im Garten des Belle-Alliance-Theaters, 1880

Doch schlagen wir ein heiteres Kapitel auf. Unmittelbar neben der Dragonerkaserne, im Telefunkenhaus, amüsiert sich Berlins Jugend in der „Dachluke“, einem senatseigenen Beatschuppen, ohne zu ahnen, daß sie mit ihrem munteren Treiben eine alte Tradition fortsetzt. An gleicher Stelle konnte man nämlich schon vor über hundert Jahren im „Jardin und Salon Belle-Alliance“ nach Herzenslust „schwoofen“. Später entstand aus dem einstigen Tanzsaal das „Belle-Alliance-Theater“. Am 9. Oktober 1869 gab es mit drei Einaktern seine Eröffnungsvorstellung.

Neben den auf Vorstadttheatern nun einmal eingebürgerten Stücken des leichten Genres wie Possen, Singspielen und Schwänken bemühte man sich auch um die Klassiker und zeigte dem aufnahmefreudigen Publikum u. a. „Die Räuber“, „Wilhelm Tell“, „Egmont“, „König Lear“. Im Sommer wurde nach alter Berliner Sitte auf der Bühne des durch 6000 Gasflammen in „brillant feenhafter Pracht“ erstrahlenden Gartens gespielt, Konzerte wurden gegeben

und „Spezialitäten" vorgestellt. Der unvergessene Guido Thielscher betrat hier zum ersten Male die Bretter, die angeblich die Welt bedeuten.
Unter wechselnden Namen und ständig neuen Direktoren siechte das Theater zuletzt hin, 1912 wurde es für immer geschlossen und abgerissen. Es war nicht nur baufällig geworden, sondern hatte sich auch überlebt. Die Zeiten waren längst dahin, als der Begründer und langjährige Besitzer des Theaters, August Wolf, anläßlich eines Jubiläums vom Polizeipräsidenten ein Glückwunschschreiben erhielt, „in welchem der Fall als der Erwähnung würdig constatiert wurde, daß Herr Direktor Wolf innerhalb dieser 20 Jahre nie eine Vermahnung noch eine Polizeistrafe erhalten hat — als Wirth sowohl wie als Theaterdirektor, also in Wahrheit ein Musterbürger gewesen ist".
So verkehrsbelebt und dementsprechend laut die Kreuzung des Mehringdammes mit der Yorck- und Gneisenaustraße auch ist, ein wenig wollen wir doch verweilen. Hier stehen nämlich zwei große Wegweisertafeln mit genauen Kilometerangaben, die der jungen Generation wie Überbleibsel jener fernen Vorkriegstage erscheinen, als man unbekümmert nach Stettin, Stolp, Königsberg und Danzig, nach Leipzig, Dresden und Magdeburg, nach Breslau und Gleiwitz reisen konnte. Die aufgeführten Orte sind ja nicht nur für den Kummer gewohnten Westberliner kaum oder schwer erreichbar. Die 1952 aufgestellten Tafeln beanspruchen auch nicht, ausschließlich Wegweiser zu sein; sie sind in erster Linie als Mahnmale gedacht.
Von der Yorckstraße bis zum Platz der Luftbrücke steigt der Mehringdamm um 16 Meter an. Das ist für unsere Flachlandsverhältnisse ungewöhnlich und hat die Straße zur Rennpiste der Seifenkistenfahrer werden lassen. Die seit 1875 vom Halleschen Tor nach Tempelhof verkehrende Pferdebahn hatte so manchen Ärger mit dem Anstieg vom Spreetal aufs Teltowplateau. An der Ecke der Kreuzbergstraße, wo die eigentliche Bergstrecke beginnt, standen Vorspannpferde bereit, um die Zugtiere bei ihrer schweren Arbeit zu unterstützen. Das war etwas für die Berliner Jungen, die den „Stallmännern" nur zu gern beim Umschirren halfen. Wir Hosenmätze mußten uns damit ab-

finden, daß die Zehnjährigen beim Kampf ums Pferdeführen oder Ortscheitschleppen regelmäßig den Sieg davontrugen. Eine alte Berlinerin erzählte mir einmal, daß sie als kleines Mädchen traurig war, dabei nicht mittun zu können — der Umgang mit Pferden war eben reine Jungenssache. Übrigens soll ein Duodezfürst, dem man bei seinem Staatsbesuch in Berlin diesen Vorspann zeigte, nach langem Nachdenken tiefsinnig gemeint haben: „Da müssen sich doch auf dem Berg 'ne Menge Pferde ansammeln."

Ein kaum gewürdigtes Denkmal des Städtebaues ist der Boulevard der Yorck- und Gneisenaustraße. Mit der imponierenden Breite von 58 Metern bleibt er nur um zwei Meter hinter Berlins Repräsentationsstraße Unter den Linden zurück. „Generalszug" sagen die Stadtplaner von der nach den Feldherren der Freiheitskriege benannten Straße, die ursprünglich als „Gürtelstraße" nach Pariser Vorbild die ganze Stadt umrunden sollte. Bereits 1862 im Zeitalter des „Hottehü" von James Hobrecht, dem späteren Stadtbaurat und Schöpfer der Berliner Kanalisation, entworfen, wurde die großzügige und sogar noch der modernen Massenmotorisierung gerecht werdende Straßenanlage leider nur in Teilen ausgeführt. So zwischen Ernst-Reuter-Platz und Hermannplatz — hier durch die Gleisharfen des Potsdamer und Anhalter Güterbahnhofs unterbrochen —, oder auf dem Wedding im Zuge der See-, Osloer und Bornholmer Straße. Daß in unserer Stadt nicht eine solche Verkehrsnot entstanden ist wie in vielen westdeutschen Orten verdanken wir nicht zuletzt diesem Straßenzug und den von ihm abzweigenden breiten Nebenstraßen.

Den spätklassizistischen Wohnhäusern der Yorckstraße zwischen dem Mehringdamm und der mit stattlicher Doppelturmfront 70 Meter hoch aufragenden St. Bonifatiuskirche hat die rührige Denkmalpflege jüngst das Stuckgewand von einst und die alte Farbigkeit zurückgegeben. Nur scheint mir diese ein wenig zu zart ausgefallen zu sein. In kaum mehr als zwei, drei Jahren wird man sehen, was unser Wetter und der Rußschleier der Großstadt dann noch vom Rosa und Lichtgrün übriggelassen haben.

„Karree gehen" war in den Jahren vor dem Ersten Weltkrieg ein beliebter Zeitvertreib der Berliner Schuljugend, die damit den Erkundungsbummel rund um einen Häuserblock der Nachbarschaft meinte. Besonderen Spaß machte es, wenn man dabei urplötzlich in einem Durchgang verschwinden konnte, um dann — wie in der Fabel vom Hasen und Igel — mit Vorsprung wieder bei den verblüfften, nicht ganz so ortskundigen „Mitläufern" aufzutauchen. Hier am Fuße des Kreuzberges bot der nach drei Straßen — Yorck-, Großbeeren- und Hagelberger Straße — durchgehende „Riehmers Hofgarten" für derartige Spiele ein ideales Betätigungsfeld.
Dem Rathaus Kreuzberg direkt gegenüber, Yorckstraße Nr. 83-86, ist der von zwei stuckierten Muskelprotzen beschirmte Haupteingang zu dem von 1881 bis 1892 erbauten, zwanzig Wohnhäuser umfassenden Gebäudekomplex, in dem über 600 Menschen in 270 Wohnungen leben. Der bauhistorische Ordinarius der Technischen Universität hat ihn als „wirklich gute Lösung der älteren Zeit" bezeichnet. Wilhelm Riehmer war sein Schöpfer und Namenspatron, ein Maurermeister mit wachem Unternehmergeist, der die Baukonjunktur der siebziger und achtziger Jahre zu nutzen verstand. Damals brauchte Berlin sich nicht um Zuzug zu bemühen, es wuchs alljährlich um 50 000 bis 80 000 Neubürger an, und für diese mußten Wohnungen gebaut werden. Riehmer tat es wie viele andere seiner Berufsgenossen. Als er 1902 starb, hinterließ er seinen neun Kindern neben dem Hofgarten weitere vierzehn Häuser in Berlin.
Riehmers Erfolge waren aber nicht mühelos errungen, sondern mußten in vielen Prozessen gegen den Polizeipräsidenten als Chef der Baupolizei erstritten werden. Die Behörde konnte sich mit seinen fortschrittlichen Absichten nur zögernd befreunden und wollte vor allem den Hofgarten nicht in der von Riehmer projektierten Form genehmigen, weil sie ihn als eine Art verkappter Erschließungsstraße ansah. Heute freuen wir uns über das gelungene Werk und den selbst an den Hofseiten nicht vernachlässigten architektonischen Schmuck, der an der Fassade der Großbeerenstraße zur monumentalen Palastfront im

Geiste Palladios gesteigert ist. Das Vorbild dafür fand der weitgereiste Riehmer am berühmten „Heinrichshof“ an der Ringstraße in Wien, den Theophil Hansen 1861 bis 1863 gegenüber der Oper errichtet hatte.

Der Heinrichshof hat den Bombenkrieg nicht überdauert, aber „Riehmers Hofgarten“ steht wie eh und je, jetzt sogar als einer der fünf „geschützten Baubereiche“ West-Berlins unter besonderer Obhut des Bausenators.

Pilze, Pappeln und Paraden

Im Mai 1974 konnten wir des 25. Jahrestages der Beendigung der Blockade gedenken. Ein Anlaß, unseren Spaziergang vom neuen zum alten Berlin diesmal am Platz der Luftbrücke zu beginnen. Auf dem mit 250 m Durchmesser imponierend weiten Halbkreis, der sich um die „Hungerharke“ schwingt, wird einem so recht bewußt, wie rasch sich das äußere Bild Berlins wandelte.

Selbst die Straßennamen sind davon nicht ausgenommen; denn alle fünf, vom Platz der Luftbrücke ausstrahlenden Verkehrswege hat man umbenannt. So lange ist es gar nicht einmal her, daß der Mehringdamm noch Belle-Alliance-Straße hieß, und der Tempelhofer Damm eine der insgesamt 25 „Berliner Straßen“ war. Die Dudenstraße kannten wir als Dreibundstraße, die Manfred-von-Richthofen-Straße als Hohenzollernkorso, und der Columbiadamm verläuft im Zuge der früheren Prinz-August-von-Württemberg-Straße.

Als die Sowjets 1948 die Blockade verhängten, ging das freiheitliche Berlin nicht zugrunde, weil das mitten in der Weltstadt gelegene Tempelhofer Feld seinerzeit nicht besiedelt, sondern zum Flughafen ausgebaut worden war. Diesen glücklichen Umstand verdanken wir dem Militärfiskus, der mit der Hartnäckigkeit der preußischen Bürokratie an einem Gelände festhielt, das seit den Tagen Friedrich Wilhelms I. der Berliner Garnison als Exerzier-

und Paradefeld diente. Wenn der nüchterne Baedeker das „unvergleichliche militärische Schauspiel" der zweimal im Jahr, Ende Mai und Anfang September, abgehaltenen Kaiserparaden als touristische Attraktion rühmte, begeisterten wir Schuljungen uns an der Tatsache, daß wir frei hatten und die nach Tausenden zählenden Pferde der Berliner und Potsdamer Garderegimenter auf einem Fleck vereint sahen.

Den Pferden war es auch zu verdanken, daß man auf dem weiten Tempelhofer Feld die schönsten Champignons finden konnte. Andere machten ein Geschäft daraus, die bei den Paraden verlorengegangenen Orden und Ehrenzeichen, Geldmünzen, Portemonnaies, Brillen und andere Kleinigkeiten aufzulesen und sie entweder ihren Besitzern — natürlich gegen Belohnung — zurückzugeben oder für sich selbst zu verwerten.

In den übungsfreien Zeiten, vor allem an Sonntagen, war das Tempelhofer Feld die größte Liegewiese Berlins und zugleich bevorzugter Tummelplatz der Fußballer. So bekannte Vereine wie der BFC Preußen, der BSV 92 (einst Britannia), Victoria 89 und andere sind im spärlichen Schatten der wetterzerzausten „Paradepappel" groß geworden. Da es damals weder Vereinsplätze noch Klubhäuser gab, zog man sich in den Lokalen der Umgebung den Vereinsdreß an und marschierte von hier aus mit den Torlatten und Linienpfählen auf das Feld, um inmitten der auf dem Rasen lagernden Volksmenge die noch wenig beachteten Spiele durchzuführen. Hans Baluschek hat das bunte Treiben in einem großen Ölbild festgehalten, das er seiner Wahlheimat Schöneberg zur Einweihung des neuen Rathauses schenkte. Nach 1933 kam es dann ins Tempelhofer Bezirksamt, seit 1945 ist es, wie so vieles andere, verschollen.

Sommers badeten wir im „Franzosenpfuhl", unbekümmert um sein trübes Gewässer und die unzähligen Kaulquappen. Nur wurden die Badefreuden zuweilen durch die Keilereien der Rixdorfer Jugend vorzeitig beendet. Sie sah den „Tempscher", wie wir das Tempelhofer Feld nannten, nämlich als ihre ureigene Domäne an und war der hand-

Auf dem Tempelhofer Feld, 1910

greiflich ausgedrückten Meinung, daß kein „Landfremder" — sei er aus Schöneberg oder aus Tempelhof — hier etwas zu suchen hätte.

Bis 1910 war auch der Westteil des Feldes zwischen „Te-Damm" und den noch vorhandenen Backsteinkästen des Bezirkskommandos und der Eisenbahnpioniere an der General-Pape-Straße völlig unbebaut. Als die Landgemeinde Tempelhof dann die 145 Hektar große Fläche zu dem enormen Preis von 72 Millionen Mark vom Kriegsministerium erwarb, erregte dieses „größte Grunderwerbsgeschäft der Welt" weithin die Gemüter. Die Stadt Berlin hatte sich ebenfalls um das wertvolle Bauland beworben, ging aber leer aus, weil die konservative preußische Regierung von der dann notwendigen Eingemeindung ins „rote" Berlin, in dem die Sozialdemokratie von Wahl zu Wahl immer stärker wurde, absolut nichts wissen wollte.

Der sehr hohe Kaufpreis — rund 50 Mark je Quadratmeter — sollte dadurch wieder eingebracht werden, daß man „Neu-Tempelhof" mit tausend Häusern für mehr als 60 000 Menschen erbaute, und zwar im „hochherrschaftlichen Stil" (vorne Hui und hinten Pfui!). Einige dieser mit imposanten Säulenstellungen prunkenden Mietkasernen neuer Art, die wegen ihrer lichtlosen Seitenflügel an engen Höfen, die mehr Lichtschächte waren, sofort als „menschenfeindlich" kritisiert wurden, stehen noch an der Westseite des Platzes der Luftbrücke. Nur ihre Bewohner hatten das Vorrecht, die „Planschwiese" zwischen Wolff- und Schreiberring zu betreten und mit Gondeln zu befahren. Die angrenzenden „Laubenpieper" durften nur vom Zaun aus am Vergnügen der „Oberen Zehntausend" teilhaben. Mit dieser, 1913 in glanzvoller Feier der Öffentlichkeit übergebenen Planschwiese hatte der für die Erschließung Neu-Tempelhofs verantwortliche Kommerzienrat Haberland versucht, den ebenfalls beanstandeten Mangel an Freiflächen zu vertuschen. Zwanzig Jahre später erinnerte er sich: „Die Presse war einmütig in ihrem Lobe über die neu entstandenen Anlagen. Nur die Morgenpost machte eine Ausnahme und schrieb: ‚Viel Geschrei und wenig Gras'." — Womit sie völlig recht hatte.

Der Erste Weltkrieg verhinderte die Fortsetzung der unsozialen Bebauung. Zu Beginn der zwanziger Jahre wählte man das extreme Gegenteil und besetzte die neu aufgeteilten, reichlich schmal geratenen Grundstücke mit einer Kleinhaussiedlung nach den Plänen des Tempelhofer Gemeindebaurats Fritz Bräuning. Bei den zu einheitlichen Straßenbildern geordneten zweigeschossigen Eigenheimen unter steilen Walmdächern durften weder die Farbe an den reliefgezierten Fassaden noch so romantische Elemente wie Torbogen und heimelige Plätze im Charakter einer kleinen märkischen Landstadt fehlen. Möglicherweise Erinnerungen an das uckermärkische Templin, in dem Bräuning vor seiner Berufung nach Tempelhof die Neubauten des aus Wilmersdorf verlegten Joachimsthalschen Gymnasiums errichtet hatte.

Das erste Haus dieser nach den Kriegsschäden recht buntscheckig erneuerten „Stadt im Taschenformat" war bereits 1919 nahe dem Bahnhof Tempelhof als Versuchsbau aus Lehm entstanden. Ähnlich wie heute, wenn der „Tag der offenen Tür" sein Traumhaus zeigt, strömte halb Berlin zum Tempelhofer Feld, um sich das neue Musterhaus anzusehen. Die meisten der Neugierigen waren aber sehr enttäuscht, als sie feststellen mußten, daß es sich äußerlich durchaus nicht von den gewohnten Siedlungshäusern unterschied. Noch enttäuschter waren sie, als das Häuschen den ersten Regen überstand und nicht wieder zu Lehm wurde. Denn das hatte man selbstverständlich erwartet.

Oho, oho, bei uns in Tempelhof ...

„Sei mir jejrüßt, freundliches Kartoffel-, Getreide-, Milch- und weißes Rübendorf! Nördlich gelegen an einem sich weit dahinschlängelnden Sandfelde, den Blick auf das Moment vom sojenannten Freiheitskrieje und die Hasenheide, südlich an einem kleinen unschuldigen Walde und einem stillen Badejewässer grenzend, und östlich und westlich *gar* nich grenzend. Freundliches Dorf mit deinen zierlichen Sommerwohnungen wohlhabender Residenzler und deinen stattlichen Bauerhöfen, sei jejrüßt!"

Mit diesen Worten pries Adolf Glaßbrenner in der 1842 veröffentlichten Lokalposse „Ein Sonntag in Tempelhof" die inzwischen durch den Zentralflughafen weithin bekanntgewordene Randgemeinde im Süden Berlins. Schon in den Tagen des Alten Fritzen war sie eine beliebte Sommerfrische des Berliner Bürgertums, das Tempelhof meinte, wenn es „in den Süden reiste".

Der streitbare Aufklärer und Lessingfreund Friedrich Nicolai aus der Brüderstraße schrieb 1786 in seinem Berlin-Baedeker von Tempelhof: „Dieses Dorf liegt sehr angenehm. Durch dasselbe gehet eine sehr schöne fünffache Lindenallee, und es sind verschiedene Landhäuser von Privatpersonen in Berlin daselbst."

Alte Linden zieren noch immer die „Alt-Tempelhof" genannte Dorfaue, aber die von Nicolai zitierten Bäume dürften es nicht mehr sein, und von fünf Baumreihen ist schon längst nicht mehr die Rede. Die Zeit und der immer stärker anwachsende Verkehr haben ihren Tribut gefordert und dürften noch weitere Ansprüche stellen. Nicht gerade zur Freude des heimatverbundenen Berliners, der bei einem Bummel durch „Alt-Tempelhof" mit Unbehagen registriert, daß dort nicht mehr viel Altes erhalten blieb.

Dagegen bietet die „Neue Straße" trotz ihres Namens noch das kaum veränderte Aussehen ihrer Entstehungszeit. Die Berlin-Tempelhofer Baugesellschaft hatte sie 1873 angelegt und einheitlich mit zweigeschossigen Häusern in spätklassizistischem Stil bebaut, die jetzt zumeist unter Denkmalschutz stehen.

Dieses Bauvorhaben war das einzige geglückte von mehreren aus gleicher Zeit, die wagemutige Spekulanten unternommen hatten, um das Bauerndorf auf seine künftige Rolle in der Weltstadt Berlin vorzubereiten. Zu früh, wie sich bald herausstellte. Von dem ersten, bereits 1862 begonnenen Parzellierungsprojekt, für das der Baurat Friedrich Hitzig verantwortlich zeichnete, kündet noch heute die merkwürdig schiefe Führung der Blumenthalstraße beiderseits des stillen Friedensplatzes. Auch eine von mehreren Villen im damals beliebten Schweizer Landhausstil steht noch, auf die ihre Schöpfer so stolz waren, daß sie die Entwürfe seinerzeit im „Architektonischen Skizzenbuch“ mehrfarbig publizierten.

Auch das von Martin Gropius, dem Großonkel des 1969 gestorbenen Bauhausmeisters, in den Jahren 1875 bis 1878 erbaute „2. Garnison-Lazareth“ ist im Fachschrifttum jener Zeit ausführlich gewürdigt worden; wobei hervorgehoben wurde, daß jede Berliner Kaserne durch besondere Pferdebahnwagen mit dem Lazarett verbunden war. An die militärische Vergangenheit des Wenckebach-Krankenhauses erinnert noch die zweieinhalb Meter hohe, fast einen Kilometer lange Mauer rund um den Komplex.

Feste Mauern mit Strebepfeilern sichern auch die alte Dorfkirche am Reinhardtplatz. Und die Teiche im Kleinen und Alten Park, zu denen früher noch längst zugeschüttete auf dem Reinhardtplatz und im Bosepark gehörten, sind die Reste eines Grabensystems, das gegen Ende des 12. Jahrhunderts die hier angelegte Templerkommende schützen sollte. Die Verhältnisse in den von Slawen nur spärlich besiedelten ostdeutschen Koloniallanden waren vielleicht doch nicht so friedlich, wie die neueste Forschung annehmen möchte. Was hier war, wird sicher eine Grabung offenbaren, die das Museum für Vor- und Frühgeschichte an der Stelle des 1881 auf polizeiliche Anordnung wegen Einsturzgefahr abgerissenen alten Gutshauses im Kleinen Park ansetzen will.

Die Dorfkirche wurde bereits 1952, als sie noch in Ruinen lag, archäologisch untersucht und erbrachte unter dem aus der Zeit kurz vor 1250 stammenden Bau die Grundmauern eines älteren Vorgängers. Leider kommt man nur selten in das Gotteshaus hinein, das mit 235 Quadratmetern Fläche die geräumigste aller mittelalterlichen Dorfkirchen in Berlin darstellt. In ihr ist ein ansehenswertes Kunstwerk zu finden, eine 1596 gemalte erstklassige Kopie des neunzig Jahre früher von Lucas Cranach dem Älteren für Torgau geschaffenen Katharinenaltars.

Weder Nicolai, der von der Kirche schrieb: „Sie ist sehr alt und ihrer Bauart wegen merkwürdig, da sie aus Granitartigen, insgevierte gehauenen Felssteinen gebauet ist", noch Fontanes literarischer Vorgänger Willibald Alexis, der seinen Tempelhofer Sommeraufenthalt 1838 zu geschichtlichen Aufsätzen in der „Königlichen privilegierten Berlinischen Zeitung" nutzte, konnten bestätigen, was wir Jungen vor dem Ersten Weltkrieg in der sogenannten Tempelhofer Nationalhymne mit Inbrunst sangen — wohlweislich, wenn kein Tempelhofer zugegen war:

„Was haben wir denn for'ne Kirche
bei uns in Tempelhof?
Die Kirche is mit Stroh gedeckt,
un in de Orjel hab'n die Mäuse geheckt.
Oho, oho, bei uns in Tempelhof."

Berlins ältestes Bauwerk steht in Marienfelde

Im Mai 1970 beging Marienfelde mit Festspiel und Festzug, Volksvergnügen und Rummelplatz, Sportveranstaltungen und heimatkundlichen Vorträgen seine 750-Jahr-Feier. Monate vorher hatte das für Marienfelde zuständige Bezirksamt Tempelhof auf die Jubelfeier durch einen Sonderstempel aufmerksam gemacht, der alle das Rathaus verlassende Briefe schmückte. Jawohl schmückte; denn die Stempelvignette war wirklich gut ausgefallen, sie zeigte die Marienfelder Dorfkirche.

Diese Kirche hat auch das Jubiläum ausgelöst, weil die älteste urkundliche Erwähnung von „Merghenvelde“ selbst erst von 1344 datiert. Krieg und Brand, aber auch menschlicher Unverstand sind den schriftlichen Überlieferungen nie hold gewesen.

Marienfelde gilt ebenso wie die Nachbarorte Mariendorf, Tempelhof und Rixdorf (Neukölln) als eine Gründung des Templerordens, obwohl es darüber nicht die mindeste Aufzeichnung gibt. Aber schon die Namen sprechen für diese Annahme. Tempelhof ist eben der Hof der Templer, und die Muttergottes war die Patronin des 1312 vom Papst wegen angeblicher sittlicher Verfehlungen aufgehobenen Ordens der Tempelritter. Sieben Jahre später ging ihr Besitz an den Johanniterorden über, der ihn einschließlich „Margenfelde“ im Jahre 1435 für insgesamt 2439 $^2/_3$ Schock böhmischer Groschen an Berlin-Kölln verkaufte. Die Schwesterstädte standen damals auf dem Höhepunkt ihrer Macht, von dem sie wenige Jahre später durch den zweiten Zollern in der Mark Brandenburg, Kurfürst Friedrich II. (Eisenzahn), für immer gestürzt werden sollten.

So wie es immer noch Unbelehrbare gibt, für die der Eiskeller auf der Dahlemer Dorfaue ein Burgverlies und nichts anderes ist, wird ständig wieder als „alte Sage“ vorgebracht, in Marienfelde sei ursprünglich in einsamer Gegend eine Wallfahrtskapelle „Maria im Felde“ gewesen, zu der von Mariendorf aus mehrere steinerne Wegkapellen führten. Diese freie Erfindung eines phantasiebegabten Heimatfreundes aus dem Jahre 1906 wird wohl ähnlich lange Bestand haben wie das irreführende Schlagwort „Vom Fischerdorf zur Weltstadt" für die historische Entwicklung Berlins.

Doch wir haben uns von der Kirche entfernt, die angeblich die 750-Jahr-Feier in Gang gebracht hat. Bis 1966 standen die Jahreszahlen 1192/1921 auf dem Quader im Giebel der Turmvorhalle, der jetzt ein Templerkreuz zur Erinnerung an die Bauherren der Kirche trägt. Die erste der beiden Zahlen sollte das Baujahr angeben. Sie ist jedoch erst 1921 gelegentlich der Kirchenerneuerung eingemeißelt worden und auf Anregung des Pfarrers durch eine Umstellung der Ziffern entstanden. Merkwürdigerweise mußte erst ein Pfarrer aus den Niederlanden nach Marienfelde kommen, um die falsche Datierung zu beseitigen. Die gleichgerichteten Bemühungen des Tempelhofer Heimatvereins waren jahrelang ergebnislos geblieben.

Nachdem ich seit Schüler- und Wandervogeltagen keine märkische Dorfkirche am Wanderwege ausgelassen hatte — auch die der benachbarten Provinzen, insbesondere Sachsens, Pommerns und Mecklenburgs nicht — und sie alle miteinander vergleichen konnte, stand für mich fest, daß die Marienfelder Kirche um 1220 errichtet sein mußte. Das habe ich dann auch in „Berlins alten Dorfkirchen" argumentiert.

Mit dieser Datierung ist die Marienfelder Dorfkirche nicht nur eine der frühesten der Mittelmark, sondern auch das älteste Berliner Bauwerk. Das besagt ihre von den Bauhistorikern als „vollständige Anlage" charakterisierte Gestalt, die in einem wirkungsvoll aufgebauten, viermal gestuften Umriß mit dem starken Akzent des wuchtigen Westturms beginnt, sich dann in gleicher Flucht mit dem Langhaus und dem nach innen eingerückten Chor fortsetzt, um mit dem Halbrund der Apsis im Osten zu enden. Den liturgischen Vorschriften entsprechend ist der Granitquaderbau genau in Ost-West-Lage ausgerichtet.

Die Entstehungszeit spätestens um 1220 belegen auch die kunstgeschichtlichen Kriterien. Alle alten Tür- und Fensteröffnungen sind spätromanisch und im Rundbogen geschlossen: das (1921 wohl etwas vergrößerte) Westportal, die jetzt vermauerten Pforten des Langhauses und die über den Fensterdurchbrüchen des 19. Jahrhunderts noch deutlich sichtbaren Abschlußbogen der ursprünglichen, sehr hoch liegenden, schießschartenähnlich kleinen und schmalen Fenster.

Man hat die Kirchenbauten dieses Typs gelegentlich als „Wehrkirchen“ bezeichnet, was ungenau ist; denn sie waren mehr „Abwehrkirchen“. In kriegerischen Zeiten dienten sie als Zufluchtsstätten für die Dorfbewohner und boten diesen gewissen Schutz gegen Feinde, die sich auf keine Belagerung einlassen konnten.

Auf dem vierschrötigen Turm dreht sich in 23 Metern Höhe eine Wetterfahne, die von unten nur mit dem Fernglas zu erkennen ist. Aus Kupferblech in Form eines phantastischen Drachenkopfes geschnitten, enthält sie das Bild einer Windmühle, das Monogramm IP des Müllers Joachim Peetzke und die Jahreszahl 1595, die sie als älteste ihrer Art in ganz Berlin ausweist.

Auf dem verwilderten Kirchhof, der neuerdings etwas von seinem allzu üppigen Baum- und Strauchwuchs eingebüßt hat, wird man vor dem gepflegten Erbbegräbnis der Gutsbesitzerfamilie von einst stehen bleiben und sich des „alten Kiepert“ erinnern. Zusammen mit Max Eyth gründete er 1884 die noch heute florierende, durch ihre großen Wan-

Gutshaus in Marienfelde, 1970

derausstellungen allgemein bekannte Deutsche Landwirtschafts-Gesellschaft. Im Jahre 1844 hatte Adolf Kiepert das erst kurz zuvor durch Ankauf bäuerlichen Besitzes gebildete Marienfelder Rittergut übernommen und zu einer von weither besuchten Musterwirtschaft gemacht. Als der „vielbegabte und vielgeschäftige Mann" 1892 starb, rühmte sein Freund, der Teltower Landrat Stubenrauch, im Nachruf: „Sein Andenken wird ein inhaltsreiches Kapitel in der Geschichte des Kreises bilden."
Kieperts Enkel verkaufte das Gut im Jahre 1929 an die Stadt Berlin, die es jetzt als letztes Stadtgut auf West-Berliner Boden betreibt und das hübsche, zwischen 1845 und 1860 in mehreren Bauphasen entstandene Gutshaus nach behutsamer Renovation unter Denkmalschutz gestellt hat. Der auch bei anderen Gutshäusern des 19. Jahrhunderts anzutreffende markante Turm sollte nicht repräsentieren; er hatte vielmehr einen ganz realen Zweck: Vom Altan aus konnte der Herr Landesökonomierat Kiepert nämlich alle Ländereien überschauen und sich davon überzeugen, daß seine Gutsarbeiter auftragsgemäß eine saubere „Fahre" pflügten und nicht etwa unter den alten, noch jetzt vorhandenen Kastanienbäumen am Rande des Königsgrabens der Ruhe pflegten.

„Kleins Größenwahn" hat den Krieg nicht überlebt

Der Blick auf den Berliner Stadtplan läßt ein Staunen ob der zackigen Grenze im Süden West-Berlins aufkommen. Da stößt Lichtenrade weit in den Kreis Zossen hinein, und daneben dringt die Gemarkung Großziethen bis auf tausend Meter nach Buckow vor. So mancher wird fragen: Hätte man nicht die südlichen Grenzen von Lichtenrade und Rudow unter Einbeziehung Großziethens miteinander verbinden können?
Sicher, aber man wollte es gar nicht, als vor fünfzig Jahren der preußische Landtag in heißen Sitzungen das „Gesetz über die Bildung einer neuen Stadtgemeinde Berlin" beriet. Im April 1920 wurde das „Groß-Berlin-Gesetz" beschlossen, am 1. Oktober des gleichen Jahres

trat es in Kraft. Berlin umfaßte nunmehr auf einer Gesamtfläche von 87 810 Hektar gegen 3,8 Millionen Einwohner, von denen nahezu zwei Millionen vorher Bürger von sieben selbständigen Städten, 59 Landgemeinden und 27 Gutsbezirken waren. Großziethen war nicht dabei, dessen Rittergut der Berliner Magistrat dann 1927 von den Erben des durch seinen Kümmel bekanntgewordenen Spirituosenfabrikanten Gilka erwarb. Übrigens ohne es vom Kreise Teltow nach Berlin umzugemeinden, wie man es gleichzeitig mit dem Gut Düppel tat.

Lichtenrade aber wurde 1920 zu Berlin geschlagen. Die Stadt brauchte dieses Gebiet, um hier eine großzügige Siedlungspolitik betreiben zu können. Das wurde offiziell im „Ersten Verwaltungsbericht der neuen Stadtgemeinde Berlin" von 1926 erklärt. Auch hatte sich die Mehrheit des Landtages auf die Eingemeindung der wichtigsten Forstgebiete im Westen und Südosten Berlins geeinigt.

Auf der ertragreichen Großziethener Feldmark gab es schon lange keinen Wald mehr. Den hatte Lichtenrade aufzuweisen, wenn auch nur in der Größe von 52 Hektar, die wir heute im wesentlichen noch in der „Nachtbucht" an der Wolziger Zeile und im südlichsten Zipfel West-Berlins beiderseits des Kirchhainer Dammes antreffen. Früher konnte man von hier aus durch die anschließenden Forsten von Birkholz und Kleinziethen weiterstreifen; seit Pfingsten 1952 ist auch das nicht mehr möglich.

Das Berliner Wort von der „großzügigen Siedlungspolitik" war durchaus berechtigt. In Lichtenrade hatte ungefähr seit der Jahrhundertwende eine umfassende Parzellierung eingesetzt, und die gesamte Gemarkung überzog ein Straßennetz, das sogar von Amts wegen in Bebauungs- und Fluchtlinienplänen festgelegt war. In jener Zeit durchaus nicht selbstverständlich, während die gänzliche Vernachlässigung größerer Freiflächen oder Parkanlagen damals üblich war. Wer diese etwa vermißte, konnte — durch Mauer oder Stacheldraht nicht behindert — nach Mahlow oder Selchow spazieren.

Als Lichtenrade vom angestammten Kreis Teltow nach Berlin kam, zählte es 4836 Einwohner. Heute sind es rund

40 000, und es werden noch mehr dazu kommen. Denn das für Lichtenrade so typische Einzelwohnhaus auf der gärtnerisch liebevoll betreuten Parzelle ist seit einigen Jahren von großen Wohnblocks mit Hochhäusern abgelöst worden, die insbesondere der Gegend um die Marienfelder und Barnet-Straße ein völlig neues Gesicht gegeben haben.

Ein kaum verfälschtes Stück der Mark Brandenburg zeigt aber noch immer der langgestreckte Dorfanger, der aus der „Dorfstraße“ zum „Alt-Lichtenrade“ wurde. Vor fünfzig Jahren, als die Straßenbahn 99 seligen Andenkens nach langen Bemühungen endlich „aufs Dorf“ kam, hatte man für diese eine neue Trasse gebaut, die seitdem als Lichtenrader Damm das alte Ortszentrum umgeht und es einigermaßen geschont hat.

Lichtenrade im Jahre 1893

Hier findet man noch alles beisammen, was ein märkisches Dorf ausmacht: behäbige Bauernhäuser, deren Besitzer allerdings keine Landwirtschaft mehr betreiben, einen Dorfkrug, in dem jetzt die Jugend zu Beat-Klängen ihr Amüsement sucht, und die altersgraue Feldsteinkirche. Alles wie ein Riesenspielzeug aufgereiht rund um den Dorfteich, der früher als „Großer Pfuhl“ erheblich ausgedehnter und fischreicher war.

Die Kirche — ein schlichter Saalbau aus dem 14. Jahrhundert — hat nach den Bombenschäden des letzten Krieges einen vereinfachten Turm mit dem landesüblichen Satteldach erhalten. Ursprünglich hatte der 1902 auf Betreiben des Ortspfarrers Klein errichtete hohe Kirchturm neben dem steil aufstrebenden Schieferhelm noch vier kleine Spitztürmchen an den Ecken. Die für ein Dorf etwas anspruchsvolle Bauweise hat Landrat Ernst von Stubenrauch einmal treffend als „Kleins Größenwahn" glossiert.

Unter den vielen, vielen Siedlungsstraßen Lichtenrades gibt es eine ganze Anzahl, die noch nicht „reguliert" sind, also der Regenwasserkanalisation entbehren. Wenn es tüchtig regnet, kann es den Anliegern passieren, daß ihre Grundstücke sich in einen See verwandeln. Zuweilen haben sie es sich aber selbst zuzuschreiben; denn in den zwanziger Jahren wurden von den Baulustigen hauptsächlich Parzellen an „nicht anbaufähigen" Straßen erworben, weil sie meinten, so die Zahlung von Straßenbau- und Anliegerkosten — wenigstens vorläufig — sparen zu können.

Das hat ein alter Verwaltungsbericht festgestellt. Auch die allgemeine „Wassernot", über die schon in den Tagen des Großen Kurfürsten Klage geführt wurde, der man aber erst 1774 durch den „Königsgraben" ein Ende bereitete. Infolge der abflußlosen Hochflächenlage und der Undurchlässigkeit des Lehm- und Mergelbodens stand oft halb Lichtenrade unter Wasser, vor allem nach der Schneeschmelze und reichlichen Niederschlägen.

Als sich diese Mißstände trotz des Königsgrabens und seiner Nebenarme in jüngerer Zeit wiederholten, als nach den großen Regenfällen 1926/27 weite Flächen Lichtenrades bis zu einem halben Meter hoch mit Wasser bedeckt und alle Keller vollgelaufen waren, mußte man sich wohl oder übel dazu entschließen, ein paar Millionen Mark für den „Lilaresa" auszugeben. So heißt im Volksmund der 1929 in Betrieb genommene „Lichtenrade-Lankwitzer Regensammler", ein etwa zehn Kilometer langer unterirdischer Kanal, der bis Lankwitz führt und dort in den Teltowkanal mündet.

Eine Wassernot, wie sie früher fast in jedem Jahr in Lichtenrade auftrat, hat es seitdem nicht mehr gegeben.

„Feste mit verjnüchtem Sinn, Pferdebus nach Rixdorf hin“

Über 75 Jahre sind vergangen, seitdem Rixdorf nach langem Bemühen endlich die Stadtrechte erhalten hat. Mit etwa 80 000 Einwohnern war es zu einem recht stattlichen Dorf herangewachsen, einem der größten in Preußen. Das alte ländliche Leben und Aussehen waren nahezu verschwunden, nur der dörfliche Name haftete der jungen Stadt noch für ein Dutzend Jahre an. Ein Schlager, der um die Welt ging und bis heute weiterlebt, war der Anlaß, daß aus dem gewöhnlichen „Rixdorf“ in seltsamer Verkennung historischer Zusammenhänge das feine „Neukölln“ wurde, der 1889 von dem Tanzparodisten Littke-Carlsen im „Wintergarten“ aus der Taufe gehobene „Rixdorfer“:

„Uff den Sonntag freu' ick mir;
denn da jeht et raus zu ihr,
feste mit verjnüchtem Sinn,
Pferdebus nach Rixdorf hin.
Dort erwartet Rieke mir —
ohne Rieke keen Pläsier!“

Heutzutage hat man nichts mehr an dem Namen Rixdorf auszusetzen. Im Gegenteil, der außerhalb der alten Dorfgemarkung im Volkspark Hasenheide liegende Trümmerberg wurde „Rixdorfer Höhe“ genannt, und die immer weniger werdenden Neuköllner, die noch als Rixdorfer auf die Welt kamen, sind stolz darauf. Zu ihnen gehört auch der frühere Bezirksbürgermeister Gerhard Lasson.

Die ungeheure Entwicklung, die Rixdorf dann nach der Stadtwerdung nahm — 1910 hatte es schon über 200 000 Einwohner — kommt am besten in dem stolzen Quaderbau des 1908 für 1,4 Millionen Goldmark errichteten Rathauses zum Ausdruck, das mit seinem 70 Meter hoch aufragenden Turm die betriebsame Karl-Marx-Straße weithin beherrscht. Von allen Rathäusern der aufstrebenden, bis 1920 selbständigen Vorortgemeinden Groß-Berlins, die sich — wie Charlottenburg, Spandau, Schöneberg, Steglitz oder Wittenau — in ihren Verwaltungszentren zu übertreffen versuchten, ist dieses wohl das ansprechendste. Zugleich ein markanter Zeuge für das große Können seines Schöpfers, des Stadtbaurats Reinhold Kiehl, dem wir alles verdanken, was in Neuköllns buntem Architekturbild angenehm auffällt: das Buckower Krankenhaus, das Stadtbad, das Elektrizitätswerk und die lange Reihe der Schulbauten. Als Städtebauer des Zweckverbandes Groß-Berlin zu neuer, verheißungsvoller Tätigkeit berufen, ist Kiehl 1913, erst 38jährig, einem Herzschlag erlegen. Auf dem Jacobikirchhof am Hermannplatz, den er selbst noch mit stimmungsvollen Bauten schmückte, hat er seine letzte Ruhestätte gefunden.

Drei Jahre nach Kiehls Tod, mitten im Ersten Weltkrieg, wurde der nach seinen Plänen gestaltete Körnerpark als Tiefpark mit Orangerie, Kaskaden und Springbrunnen vollendet. An der zum Park führenden Jonasstraße gibt es eine Körner-Apotheke und eine Körner-Klause. Aber nur eine leicht zu übersehende Marmortafel am Hause Jonasstraße 66 mit dem lakonischen „F. W. Körner“ verrät dem Kundigen, daß nicht der Freiheitsheld Theodor Körner Pate bei den Namen stand. Es war vielmehr der Kiesgrubenbesitzer Franz Wilhelm Körner, ein gebürtiger Spandauer, der nach dem Erfahrungssatz „Kies gibt wieder Kies“ die Rollberge zwischen Karl-Marx-Straße und Hermannstraße abbaute und sie nach und nach als Mörtelkies in das mächtig anwachsende Berlin lieferte. Berühmt wurden die dabei geborgenen Knochenfunde eiszeitlicher Säugetiere wie des wollhaarigen Nashorns und des Mammuts. Sie wanderten in viele Museen Europas und machten die Schichtbezeichnung „Rixdorfer Horizont“ zu einem Begriff der geologischen Forschung.

Der Körnerpark war einst der Privatgarten des erfolgreichen und vorbildlich sozial eingestellten Grubenbesitzers, der hier Riesensonnenblumen züchtete und in einem Gartenhaus den Grundstock für die geologische Abteilung des reichhaltigen Heimatmuseums in der Ganghoferstraße zusammentrug. Die Entdeckung des zu überregionalem Ruhm gelangten „Reitergrabes von Neukölln“ an der Ecke Jonas- und Selkestraße hat Körner nicht mehr erlebt.

Wer meint, im volkreichen und arbeitsamen Neukölln von heute erinnere nichts mehr an das ländlich-beschauliche Rixdorf unserer Großväter, sollte von der Karl-Marx-Straße in die Richardstraße einbiegen, die mich an märkische Kleinstädte, etwa an Jüterbog oder Dahme erinnert. Hier duckt sich unter hohem, konvex geschwungenen Bohlendach der Betsaal der böhmisch-reformierten Bethlehems-Gemeinde. Das 1835 erbaute, unter Denkmalschutz stehende Häuschen war bis 1874 böhmische Schule. Der kleine Vorbau hoch am Giebel schirmte die Schulglocke.

Böhmische Schule? Was ist das? mag ein oder der andere fragen. Auf der östlichen Seite der Richardstraße lag — und liegt in Resten noch heute — das aus achtzehn Kolonistengehöften bestehende „Böhmische Dorf" der wegen ihres Glaubens aus Böhmen vertriebenen Protestanten. Ihnen gab der vielgeschmähte, konfessionell äußerst tolerante Soldatenkönig Friedrich Wilhelm I. 1737 eine neue Heimat; 175 Jahre später haben ihm die „dankbaren Nachkommen der hier aufgenommenen Böhmen" dafür ein Denkmal in Bronze gesetzt, das sogar den „totalen Krieg" und das Schrottzeitalter überstand.

Bis 1873 war „Böhmisch-Rixdorf" eine kommunalpolitisch selbständige Gemeinde und vom benachbarten „Deutsch-Rixdorf" unabhängig. Ihr letzter Dorfschulze, Daniel Wanzlik, baute sich um 1875 das Haus Richardstraße 87, in dem sein Enkel noch immer dem angestammten Beruf des Landwirts nachgeht — allerdings zeitbedingt auf Britzer Gartenland. Pferdeköpfe zieren die Gitter des Portals, die schwere Türklinke aus Messing hat die Gestalt eines prächtig gezäumten Pferdes. Als die Klinke während der Inflationszeit der zwanziger Jahre einmal abmontiert wurde, warf die Tochter des Hauses kurzentschlossen die Holzpantinen weg, jagte barfuß dem Dieb nach und nahm ihm das Familienerbstück wieder ab.

Das altertümlichste in der Häuserreihe ist das Doppelhaus Nr. 80, an dem eine Tafel des fürchterlichen Brandes von 1849 gedenkt, der durch den unbedachten Schuß auf ein Storchennest entstand und 52 Wohnhäuser nebst 28 Scheunen und 74 Ställen in Asche legte.

Für ein anderes Feuer, das von 1803, zeugt das Haus Nr. 18 am Richardplatz, der alten Dorfaue von Deutsch-Rixdorf. Hier betreibt Gustav Schöne seit Jahrzehnten ein Fuhrgeschäft, das dank der weißen Hochzeitskutschen und der Schimmel-Viererzüge in ganz Berlin bekannt ist. Und im 1849 erbauten Haus Richardplatz 6 mit seinem gepflegten Vorgarten wohnt im alten Heim des letzten „deutschen" Schulzen Schinke noch der Tiefbauunternehmer, der 1912 am Körnerpark das Reitergrab freilegte. Die vor einigen Jahren in biedermeierlicher Romantik erneuerte Dorfschmiede arbeitet wohl noch mit offenem Feuer, hat aber mit Hufbeschlag nichts mehr zu tun; ihr Feld ist jetzt die Kunstgestaltung in Eisen.

Noch geübt werden die von den Voreltern übernommenen Gebräuche und Sitten der Neuköllner Böhmen, deren lutherischer Bekenntniszweig seit 1884 das einstige Rixdorfer Dorfkirchlein an der Ecke Schudomastraße als Andachtsstätte benutzt, während die Herrnhuter Brüdergemeine einen hypermodernen Neubau in der Kirchgasse hat, der mir nicht recht in das „Böhmische Dorf" zu passen scheint.

Im „Böhmischen Dorf" in Neukölln, 1935

Trinkfreudige Britzer schon zur Germanenzeit

Britz gehört zu den Ortsteilen, die von den Berlinern vernachlässigt werden, weil „dort nischt los ist". Abgesehen vom „Britzer Blütenfest", zu dem man im zeitigen Frühjahr strömt, um unter der (wegen des kalten Wetters zumeist fehlenden) Blütenpracht einiger Dutzend japanischer Zierkirschenbäume in der Onkel-Bräsig-Straße einen doch sehr bescheidenen Ersatz für das nur höchst umständlich erreichbare Werder zu erleben.

Doch wer gibt sich schon die Mühe, vom Rummelplatz in der Parchimer Allee einen Abstecher in den nahen Gutspark zu machen, von dem man nach Norden in einem hübschen Grünzug bis zum Park am Buschkrug oder in südlicher Richtung auf einem allerdings ziemlich schmal bemessenen Parkstreifen bis zum Rudower Wäldchen in der „Gropiusstadt" promenieren kann?

Der Buschkrugpark war einmal eine riesige Kiesgrube des Herrn Franz Körner, in der wir noch in unseren Barfußtagen so manchen Knochen vom Mammut oder Nashorn auflasen und dann triumphierend zu Emil Fischer ins Neuköllner Heimatmuseum in der Orangerie des Körnerparks trugen. Dort hatte der alte Herr aber bereits soviel Knochenmaterial dieser und anderer eiszeitlicher Tiere aus dem „Rixdorfer Horizont" — wie die Geologen die knochenführende Kiesschicht nennen —, so daß er die neuen Fundstücke zu unserer grenzenlosen Enttäuschung nicht mehr ausstellen konnte.

Doch die bei der Anlegung des Buschkrugparks im Frühjahr 1951 gefundenen Skelette zeigt das Museum für Vor- und Frühgeschichte in Charlottenburg. Schließlich handelte es sich nicht um Opfer eines neuzeitlichen Mordes in dieser früher sehr einsamen Gegend, wie man anfänglich annahm und deshalb auch die Kriminalpolizei bemühte, sondern um recht bedeutsame Zeugen aus der Völkerwanderungszeit, dem fünften bis sechsten Jahrhundert nach Christi Geburt. Ein Skelett konnte als das eines sechzehnjährigen Mädchens bestimmt werden, dem man außer zwei kleinen goldenen Anhängern auch eine kostbare Glas-

schale mit ins Grab gegeben hatte. Bei dem anderen, einem Männerskelett, standen einige Tongefäße. Eins von diesen enthielt mikroskopisch kleine, aber immer noch nachweisbare Reste von Met oder Bier, was die Trinkfreudigkeit der Berliner bis auf die Germanenzeit zurückführt.
Ganz so weit geht der „Buschkrug" an der Ecke der Späthstraße nicht zurück, verkündet aber stolz „1385" als Gründungsjahr. Tatsächlich wurde er erst um 1770 von dem damaligen Britzer Rittergutsbesitzer, dem Grafen Ewald Friedrich von Hertzberg, angelegt. Der zünftige Historiker kennt und schätzt diesen Mann. als tüchtigen Minister Friedrichs des Großen, für den er den Frieden von Hubertusburg abschloß und damit den Siebenjährigen Krieg beendete. Der Heimatfreund dankt ihm die Erstausgabe des berühmten Landbuchs Kaiser Karls IV. aus dem Jahre 1375, in dem für viele Orte der Mark Brandenburg die ersten urkundlichen Nachrichten enthalten sind. Als Hertzberg es 1781 veröffentlichte, konnte er bestätigen, daß „die jetzige Verfassung der Dörfer noch größtenteils, obwohl mit einigen durch die Länge der Zeit verursachten Veränderungen mit der von der Zeit Carls IV übereinstimmt. Britz, welches damals 58 Hufen hatte, zählet deren jetzo 61. Der Pfarrer hat noch jetzo, so wie damals, drey und die Kirche eine".
Die Britzer Dorfkirche hat eine bemerkenswerte Lage auf einem Hügel, der noch heute durch den Kirchteich südlich abgeschützt ist. Eine Erinnerung an die unruhigen Zeiten der deutschen Landnahme im frühen 13. Jahrhundert, als die Kirchen so wehrhaft gebaut wurden, daß sie in Kriegsfällen auch Zufluchtsstätten für die bedrohte Bevölkerung sein konnten.
Über der schönen Eichenholztür der Sakristei erzählt eine lateinische Inschrift in wappengeschmückter Kartusche, daß sie 1766 von Herrn von Hertzberg als Gruftbau errichtet wurde. Unten im Keller steht neben neun anderen auch sein Sarg, auf dem Dreispitz und Degen des 1795 Verstorbenen ruhen.
Wenn man Glück hat, bekommt man auch die Gruft der letzten Gutsherren Wrede zu sehen, die ihren Besitz 1924 an die Stadt Berlin verkauft haben. Sie befindet sich im

Dorfkirche und Gutshaus in Britz, 1883

Erdgeschoß des Kirchturms und ist wegen der neugotischen Mosaikdekoration recht eindrucksvoll.

Die 1888 äußerlich nicht gerade zu ihrem Vorteil neugestaltete Dorfkirche aus dem Ende des 13. Jahrhunderts bietet im 1959 auf die alten Bauformen zurückgeführten Innenraum Berlins ältesten Kanzelaltar, den die Frau des Staatsministers von Ilgen anno 1720 stiftete. Er selbst steht in Marmor gemeißelt seit 1959 in dem anmutigen Gutspark hinter dem 1880 aus einem schlichten Barockbau zum „Schloß“ aufgemöbelten Gutshaus, in dem Hertzberg einige Zimmerwände mit in Britz selbst gewonnener Seide hatte bespannen lassen.

Die Büste des Herrn von Ilgen wurde entgegen einem alliierten Verbot von Heimatfreunden aus der früheren Siegesallee im Tiergarten klammheimlich nach Britz entführt und schließlich vom Bezirksamt Neukölln auf einen Sockel gestellt. Der Minister von Ilgen gilt als Erfinder der Randbemerkungen, „weniger ad marginem gesetzter

Worte“, die dann unter Friedrich Wilhelm I. und dem Alten Fritzen den damit bedachten Geheimen Räten ob ihrer drastischen Deutlichkeit oft Kummer bereiteten.

Dafür ein Beispiel: „Da mus mit Ernst nach gesehen werden, und wohr die Rähte des Directoriums nicht alle Blei im hindern haben, mus der Treibsamste hingeschiket werden umb die Arbeit zu acceleriren.“

Ilgen soll auch Deutschlands erste Akazie, die botanisch genau genommen eine „Robinia pseudoacacia“ ist, in Britz angepflanzt haben, nachdem er sie 1710 in einem Blumentopf aus Amerika erhalten hatte. Der zuletzt fast fünf Meter im Umfang messende Baum ging 1937 ein und wurde zwölf Jahre später beseitigt. Dicht bei seinem alten Standplatz steht aber ein anderer beachtlicher Baum, ein Ginkgo biloba, der in seiner japanischen Heimat als heilig verehrt wird. Die einem Elefantenohr ähnlichen Blätter bestehen aus zusammengewachsenen „Nadeln“ und zeugen dafür, daß dieser Laubbaum eigentlich eine Konifere ist.

Das eigentümliche Blatt des Ginkgo biloba hat Goethe zu einem tiefempfundenen Gedicht angeregt, das er 1815 mit zwei Ginkgo-Blättern an Marianne von Willemer sandte und später in den „West-östlichen Diwan“ übernahm:

„Dieses Baums Blatt, der von Osten
meinem Garten anvertraut,
gibt geheimen Sinn zu kosten
wie's den Wissenden erbaut.

Ist es Ein lebendig Wesen,
das sich in sich selbst getrennt,
sind es zwei, die sich erlesen,
daß man sie als Eines kennt.

Solche Frage zu erwidern,
fand ich wohl den rechten Sinn,
fühlst du nicht an meinen Liedern,
daß ich Eins und doppelt bin.“

Buckow, einst Jagdrevier „allerhöchster Herrschaften“

Buckow kommt aus dem Slawischen und heißt Buche. Buchen sind anspruchsvolle Bäume und verlangen guten Boden. Den gibt es zwar auf der Buckower Gemarkung, deren Fruchtbarkeit von jeher berühmt war, doch nach Buchen wird man sich vergeblich umschauen. Der ergiebige Lehm- und Mergelboden war schon seit dem Mittelalter ausschließlich der Landwirtschaft vorbehalten, für die sich vor allem der Rübenbau als äußerst lohnend erwies.

Rübenfelder sind willkommene Standorte für Hasen und Rebhühner, die es hier noch vor wenigen Jahrzehnten in Mengen gab, die heute traumhaft anmuten. Als Mittelpunkt des Königlichen Hofjagdreviers, das von Lichterfelde bis Lichtenrade reichte, bot Buckow eine Niederjagd, wie sie nach dem Urteil von Sachverständigen sonst nur in den bevorzugten schlesischen und sächsischen Revieren zu finden war.

Die waidmännische Pflege war in Buckow trotz der unmittelbaren Nähe der Großstadt Berlin ausgezeichnet, vornehmlich während der dreißigjährigen Amtszeit des Wildmeisters Hugo Luther, dessen Andenken im „Wildmeisterdamm“ weiterlebt. Diese Straße gilt als eine der schönsten Chausseen der an derartigen Erinnerungen an die „Teltower Kreis-Zeit“ nicht eben armen Bezirke im Süden von West-Berlin. Als sie 1887 angelegt wurde, lieferte der Landesökonomierat Späth aus seiner bekannten Baumschule jene 546 Alleebäume — Eichen, Ahorne, Linden und Ulmen —, die nun unter Naturschutz stehen und auch in der neuen Gropiusstadt Berlin-Buckow-Rudow in einer Fußgängerpromenade erhalten blieben.

Auch das zu Anfang der 1870er Jahre vom Wildmeister Luther angelegte „Naturschutzwäldchen“ hat man bewahrt, wenn auch von den rund 3,4 Hektar eines ursprünglich recht urwüchsigen Mischwaldes nicht mehr viel übrig geblieben ist. Dort, wo vor ein paar Jahren noch Kornfelder wogten und der Neuköllner Heimatspezialist Wilhelm Schmidt — ob seiner Vorliebe für die Feldpfühle und ihre Tierwelt von seinen Freunden „Pfuhlologe“ genannt — 45 verschiedene Vogelarten, darunter die Nachtigall, registrierte, sind gigantische Hochhäuser entstanden. Eins, das unmittelbar neben dem einst so verwunschenen Wäldchen aufragt, ist mit insgesamt 27 Geschossen und einer Höhe von 80,5 Metern eine Zeit lang sogar das höchste Wohnhaus Deutschlands gewesen. Aber das ist vorbei; denn in der Gropiusstadt hat man inzwischen ein Haus gebaut, das 31 Geschosse umfaßt und in der Bundesrepublik gibt es jetzt noch höhere.

Der Wildmeister Luther würde sich in seinem Grabe auf dem stillen Dorffriedhof in Alt-Buckow umdrehen, wenn er von diesem Wandel der Dinge Kenntnis hätte. Was waren das noch für Zeiten, als er hier Treibjagden leitete, auf denen alljährlich 1200 Hasen und 2000 Rebhühner geschossen wurden. Höhepunkte der Jagdsaison bildeten jedoch die Trappenjagden. Wenn dem scheuen Hühnervogel nachgestellt wurde, der bis zu dreißig Pfund schwer werden kann und den meisten Berlinern völlig unbekannt ist, obwohl man ihn bis in die dreißiger Jahre hinein sogar auf der Britzer Gutsfeldmark beobachten konnte. Heute lebt der stolze Vogel siebzehn Kilometer weiter südwärts

Hofjagd in Buckow, 1887

auf den einsamen Ackerflächen zwischen Rangsdorf und Großmachnow. Und von dort ist auch das Trappenvölkchen, das den besonderen Stolz unseres Zoo bildet.

Die Buckower Hofjagden wurden früher regelmäßig von den „allerhöchsten Herrschaften“ besucht. Der letzte Kaiser kam seit 1898 nicht mehr, weil es ihn geärgert hatte, daß die Bauern eine Erhöhung des Jagdpachtgeldes auf 1,50 Mark je Morgen verlangten. Nach zähen Verhandlungen mit dem Hofjagdamt erhielten die Buckower schließlich 1,25 Mark, was auch eine ganze Menge Geld ergab.

Sehr viel mehr erbrachte der fruchtbare Ackerboden in den letzten Jahrzehnten, als er ohne Rücksichtnahme auf den gut konservierten Charakter des märkischen Bauerndorfes in Bauland umgewandelt und mit Wohnhäusern besetzt wurde. Trotz schwerer Bombenschäden im letzten Kriege hatte sich rund um den breiten Dorfanger — „Alt-Buckow“ genannt — eine Reihe behäbiger Bauerngehöfte erhalten, auf denen ihre Besitzer zumeist noch als Landwirte tätig waren. Auch wenn man die Gänse nun von der Benutzung des Dorfteichs ausgeschlossen hatte und sie ihre angestammte Domäne den Schwänen überlassen mußten, kündete ihr Schnattern hinter den Bretterzäunen davon, daß sie noch immer eine wesentliche Rolle im Dorfleben spielten.

Ungefähr zur gleichen Zeit, 1954, als die Freiwillige Feuerwehr nach 45jähriger Tätigkeit sehr zum Leidwesen ihrer Mitglieder aufgelöst wurde, sich aber sofort zu einem Verein der ehemaligen freiwilligen Feuerwehrmänner zusammenschloß, begann man, den Ortskern anzuknabbern, und jetzt ist die Großstadt mit viel zu hohen Häusern der alten Dorfkirche bedenklich nahe auf den Feldsteinleib gerückt.

Der breite Westturm mit seinem für die Mark Brandenburg typischen Satteldach gehört nebst dem der Kirche im benachbarten Marienfelde zu den beiden seit dem 13. Jahrhundert unverändert erhaltenen Kirchtürmen Berlins. Etwa gegen 1250 im gotischen Stil entstanden, wurde die Kirche um 1500 durch Gewölbe bereichert, die ihrem Inneren sehr reizvolles Gepräge geben.

Ein besonderer Kirchenschmuck sind die Erinnerungen aus dem alten Berlin, aus der Nikolai-, Marien- und Klosterkirche, die infolge kriegsbedingter Verlagerung in West-Berlin verblieben sind und in Buckow eine neue Heimat fanden. Das Paradestück ist die historisch wie künstlerisch gleichermaßen wertvolle Totentafel für den 1412 in der Schlacht am Kremmener Damm gefallenen Grafen Johann von Hohenlohe, einen schwäbischen Ritter aus dem Gefolge des ersten Zollernfürsten in der Mark. Dieser, der Burggraf Friedrich von Nürnberg, hat die große Holztafel, das älteste überlieferte Berliner Gemälde, wahrscheinlich in der Dürer-Stadt malen lassen. Das in Komposition und Farbgebung sehr eindrucksvolle Bild umläuft eine schwer lesbare Inschrift in spätgotischen Minuskeln, die folgendermaßen lautet: „Nach chris geburt virtzehenhundert / jar und in dem czwelften jar an sant Columbans / tage verschied der hochgeborn graff / herre Johans von hohenloch dem got genade."

Die Wappentafel am Pfeiler der Turmhalle — einst in der Marienkirche am Neuen Markt — zeigt die Ahnenreihe des Kammergerichtsrats und kurfürstlichen Vizekanzlers Dr. Arnold de Reyger († 1627), dem das „Hohe Haus" in der Klosterstraße gehörte. Unterhalb der sechzehn Wappenschilde befindet sich die fein gemalte Bildnisminiatur des Toten; ihr lag ein 1604 in Prag gefertigter Kupferstich zugrunde. Die Bildnisse des Berliner Bürgermeisters und Buckower Kirchenpatrons Andreas Lindholz († 1655) und seiner Ehefrau Ursula, geborene Striepen, hängen bereits seit 1729 in der Kirche.

„Majestät, essen Sie ruhig, es gibt nischt mehr!"

„Rudow nimmt in Großberlin eine der wenigen Sonderstellungen ein; denn es ist Dorf im eigentlichen Sinne geblieben, entbehrt aber trotzdem nicht das Angenehme der Großstadt" stellte mein früh verstorbener Freund Wilhelm Reichner fest, als er auf seinen „Wanderungen durch den Kreis Teltow" vor 50 Jahren in den südlichsten Neuköllner Ortsteil kam.

Was würde er wohl heute sagen, wenn er die vornehmlich auf Rudower Grund und Boden angesiedelte Gropiusstadt sehen könnte, mit ihren Häuserkolossen? Noch vor wenigen Jahren ist man hier durch Kornfelder gegangen und hat Wieneckes „Jungfernmühle" an der Rudower Straße als weithin sichtbaren Orientierungspunkt gehabt. Jetzt muß man das sagenumwobene Bauwerk eines romantischen Zeitalters mühsam suchen, versteckt es sich doch in einer rasch aufgeschossenen Wohnsiedlung. Aber die Windmühle ist wenigstens noch vorhanden.

Ungefähr zur gleichen Zeit wie die Gropiusstadt wurde im Süden Rudows, an der Grenze des Landes Berlin gegen den Kreis Königs Wusterhausen, die Andreas-Hermes-Siedlung angelegt: bäuerliche Musterbetriebe für Heimatvertriebene und Flüchtlinge, die in der Landwirtschaft gearbeitet haben. Voll- und Nebenerwerbsstellen mit schmucken Wohnhäusern garantieren, daß dem „Dorf" Rudow das Lebenslicht vorerst nicht ausgeblasen wird. An der Großziethener Chaussee neben dem stillgelegten Bahnhof Rudow der Neukölln-Mittenwalder Eisenbahn sorgt zudem eine „Ponderosa-Ranch" mit einem halben Dutzend geduldiger Ponys dafür, daß die liebe Jugend am ländlichen Leben auf ihre Art teilhaben kann.

Als der Kabarettist Joachim Ringelnatz, der laut Telefonbucheintrag eigentlich Kunstmaler war, sein Bild „Im Frühling" malte, hat er geklagt: „Nun habe ich zwei Tage lang kreuz und quer Berlin durchreist und nirgends finde ich ein Ackerfeld." Anscheinend hat er den Weg vom Sachsenplatz in Westend nach Rudow nicht gefunden; denn hier gibt es immer noch weite Ackerflächen mit ver-

träumten Feldpfuhlen, trotz aller Siedlungsbemühungen der letzten Jahre.
Eine von diesen ist der über hundert Morgen große Kirchenacker zwischen dem Ostburger Weg und der sich an der Landesgrenze totlaufenden Köpenicker Straße. Dort ist die weite Ausblicke bis zu den Müggelbergen bietende „Rudower Höhe“ aufgetürmt. Momentan noch ein von Unkraut überwucherter Schuttberg, der aber bald zu einer Parkanlage werden soll.
Doch zurück zum „Dorf“ Rudow, dessen Name auf das slawische „ruda“ für Raseneisenstein zurückgeführt wird. Mit diesem heimischen Erz hat nicht nur Friedrich der Große seine Kriegsproduktion bestritten, auch die wohlerhaltene Ringmauer des Städtchens Dahme im Süden der Mark Brandenburg wurde damit aufgeführt.
Rudows Dorfstraße heißt nicht — wie man erwarten sollte — „Alt-Rudow“. Sie wurde 1950 Prierosser Straße genannt. Bis dahin hieß sie Bendastraße und das mit sehr viel mehr Berechtigung als die gleichnamige Straße am Kranoldplatz in Neukölln. Dem unscheinbaren, 1972 abgebrochenen Haus Prierosser Straße 61/63 sah man nicht an, daß es einmal das Gutshaus und als solches fast ein halbes Jahrhundert lang der Wohnsitz eines namhaften Mannes war. Der Regierungsassessor Robert von Benda aus einer berühmten Musikerfamilie, deren letzter Repräsentant, Generalmusikdirektor Hans v. Benda, 1972 verstarb, hatte sich nach 1848 durch freiheitliche Anschauungen bei seinen Vorgesetzten unbeliebt gemacht und sollte nach Gumbinnen „in die Wüste geschickt“ werden. Kurzerhand erbat er die Entlassung aus dem Staatsdienst, kaufte 1853 das Gut Rudow für 65 000 Taler und baute hier seinen Kohl, ohne jedoch die Politik zu vernachlässigen.
Robert von Benda war Mitbegründer der nationalliberalen Partei, die er seit 1858 im preußischen Landtag und in den Jahren 1867 bis 1898 im Reichstag vertrat. Obwohl Benda seiner liberalen Gesinnung treu blieb, hat ihn der erzkonservative Kaiser Wilhelm II. sehr geschätzt und ihm in seinen Memoiren „Ereignisse und Gestalten“ anerkennende Worte gezollt: „Einer Einladung auf den Landsitz

Robert von Benda, 1880

Bendas, Rudow bei Berlin, bin ich gern gefolgt. Daraus entstand ein regelmäßiger Besuch einmal im Jahre. Die Stunden im Rudower Familienkreise, in denen von den talentierten Töchtern die Musik eifrig gepflegt wurde, sind mir in guter Erinnerung geblieben. Die politischen Gespräche zeigten, daß Herr von Benda einen weiten Blick besaß. Er hat mir manchen wertvollen Rat für die Zukunft erteilt."

Wie der Herr, so das Gescherr, sagt das Sprichwort, an das man unwillkürlich denkt, wenn man aus den Erinnerungen alter Rudower an die Kaiserbesuche eine oder die andere Anekdote erfährt. Der sonst auf dem Bock der Herrschaftskutsche thronende Franz Girlich mußte dann mit weißen Glacés an den Händen bei der Tafel aushelfen. Als der Kaiser einmal dem zweiten Gang kaum zusprach, beugte sich der vollbärtige Artillerist von 1870/71 zu ihm

mit den Worten: „Majestät, essen Sie ruhig, es gibt nischt mehr." Ein anderes Mal wollte S. M. noch ein Glas Rotwein haben, worauf Girlich dem Kaiser ins Ohr flüsterte: „Majestät, der is alle, aber unter uns gesagt, der weiße is ooch jut."
Auch dem Hause Prierosser Str. 48, dem Gutshaus schräg gegenüber, sieht man seine Vergangenheit nicht an. Und doch ist der graue Steildachbau das älteste Privathaus West-Berlins. Um 1660 vom kurfürstlichen Lustgärtner Michael Hanff errichtet, wurde es 1704 im Adreßkalender als eins der „vornehmsten Lusthäuser" des Königs gerühmt, der damals gern zu der äußerst ertragreichen Niederjagd nach Rudow kam. Im benachbarten „Lindenpark" konnte er noch nicht frühstücken, den gab es damals nicht. Das altertümliche Haus ist erst 1848 erbaut worden und das die Prierosser Straße malerisch abschließende Büdnergut Krokusstraße 80 zwölf Jahre früher. Beide Häuser geben mit einigen anderen zusammen die dörfliche Idylle von einst wieder, die besonders beredt zum Ausdruck kommt, wenn mittwochs und sonnabends der Wochenmarkt aufgeschlagen wird. Dann möchte man kaum glauben, in der Weltstadt Berlin zu sein, sondern fühlt sich versetzt in irgendeine verträumte Kleinstadt fern draußen im Brandenburger Land.

Mit der „Knüppelbahn" unter der Spree hindurch

„Betreten der Baustelle erwünscht" heißt es während der Berliner Bauwochen, wenn an den „Baustellentagen" die wichtigsten Hoch- und Tiefbauobjekte zu besichtigen sind. So konnte man vor einigen Jahren an der Großgörschen- und Mansteinstraße in den Schacht der U-Bahnlinie 7 (Fehrbelliner Platz — Siemensstadt) hinunterklettern und mit dem ehrfürchtigen Staunen, das dem Laien geziemt, vom „Schildvortrieb" erfahren, mit dem sich die U-Bahn-Bauleute — von der Möckernbrücke her kommend — unter dem Gleisgewirr des Anhalter und Potsdamer Güterbahnhofs hindurchgewühlt hatten. Dieses sonst im Bergbau unter Tage angewendete Verfahren, bei dem ein gewaltiger Stahlschild von dem Durchmesser des Tunnels hydraulisch oder durch Preßluft allmählich im Erdreich vorangetrieben wird, sollte nach den Worten des freundlichen Erklärers im U-Bahnschacht hier zum ersten Male in Berlin Anwendung gefunden haben. Der kundige Thebaner jedoch schüttelte das weise Haupt und dachte an den Spreetunnel zwischen Treptow und Stralau, der bereits 75 Jahre zuvor auf gleiche Weise entstanden war.

Nachdem Berlin sich zur Weltstadt gemausert hatte, wollte man diese erfreuliche Tatsache auch äußerlich bekräftigen, und zwar durch eine Weltausstellung, um die man sich insbesondere 1892 sehr bemühte. Doch Kaiser Wilhelm II. huldigte wieder einmal seinem Wahlspruch „Suprema lex regis voluntas" (Des Königs Wille ist höchstes Gesetz) und verwahrte sich in einer öffentlichen Erklärung gegen diesen Plan, so daß Paris das Rennen machte. Berlins Kaufleute und Industrielle ließen sich aber nicht entmutigen und veranstalteten dafür 1896 eine großangelegte „Berliner Gewerbeausstellung", für die nach harten Auseinandersetzungen mit dem konkurrierenden Witzleben schließlich 1 200 000 Quadratmeter des erst kurz zuvor, im Frühjahr 1889, fertiggestellten Treptower Parks in Anspruch genommen wurden.

Eine der zahllosen Attraktionen der Gewerbeausstellung sollte auch der Spreetunnel sein. Nur wurde er wegen technischer und finanzieller Schwierigkeiten nicht rechtzeitig fertig und konnte erst lange nach Beendigung der Ausstellung, am 18. Dezember 1899, eröffnet werden. Die private „Gesellschaft für den Bau von Untergrundbahnen GmbH." war aber dennoch und mit Recht stolz auf ihr bautechnisches Schaustück. Mit dem Spreetunnel hatte sie nämlich den Beweis dafür erbracht, daß auch im Berliner Sandboden der Bau von Untergrundbahnen möglich sei. Der für den Tiefbau zuständige Stadtbaurat Hobrecht war immer gegenteiliger Meinung gewesen. In erster Linie aber nur, weil er für die von ihm entworfene und durchgeführte Kanalisation fürchtete.

An den 454 Meter langen Tunnel unter der Spree erinnern nur noch der Platz am Spreetunnel in Treptow und die Tunnelstraße auf dem jenseitigen Spree-Ufer in Stralau.

Gasthaus Zenner in Treptow und Blick auf die Türme von Berlin, 1825

Er mußte 1932 stillgelegt werden, weil das Spreewasser langsam aber unaufhaltsam durch den rissig gewordenen Tunnelmantel sickerte. Zuletzt befuhr ihn die Straßenbahnlinie 82 — Dönhoffplatz / Treptow —, die ganz Berlin nur „Knüppelbahn" nannte. Die Sicherung der eingleisigen Tunnelstrecke gegen Zusammenstöße war nämlich höchst einfach gelöst: Nur die „Elektrische" durfte passieren, deren Wagenführer den Signalstab am Tunneleingang in Empfang genommen hatte, einen grüngestrichenen Holzknüppel, der dem nächsten Wagenführer wieder zu übergeben war.

Das letzte Überbleibsel der Gewerbeausstellung, die wegen des unfreundlichen, völlig verregneten Sommers 1896 mit erheblichem Defizit abgeschlossen hatte, ist die Archenhold-Sternwarte am Karpfenteich. Durch ihren Begründer — nach dem sie jetzt benannt ist — und durch den unvergessenen Bruno Bürgel wurde sie zu Deutschlands populärster Volkssternwarte. Selbstverständlich auch durch ihren einzigartigen, 21 Meter langen und 130 Tonnen schweren Refraktor, der wie ein gigantisches Kanonenrohr über dem 1909 massiv erneuerten Gebäude aufragt. Seit einigen Jahren ist er außer Dienst gestellt und nur noch ehrwürdiges Museumsstück.

Der Treptower Park war die erste städtische Grünanlage, in der man „lagern" konnte. Mit Kind und Kegel zog die ärmere Bevölkerung aus dem engbebauten Osten früher im Sommer nach Feierabend oder am Sonntag auf die „Große Spielwiese" und suchte hier Erholung in Licht, Luft und Sonne. Die Wiese war aber auch Schauplatz großer politischer Kundgebungen, von denen die Friedensdemonstration der SPD am 3. September 1911 eine der eindrucksvollsten war. Lautsprecher kannte man noch nicht, und so wendeten sich zehn Redner gleichzeitig an die Volksmassen; an ihrer Spitze die eng umdrängten Arbeiterführer August Bebel und Karl Liebknecht.

Angesichts des überdimensionalen Ehrenmals für die 5000 im „Kampf um Berlin" gefallenen Sowjetsoldaten will uns der Begriff „Treptow in Flammen" nicht recht gefallen. Und doch war es eine vergleichsweise harmlose Angelegenheit; ein riesiges Feuerwerk, mit dem die Besitzer der vielen Gartenlokale in Treptow Berlins „Lustgarten an der Spree“ noch attraktiver machen wollten. Begonnen hatten die Feuerwerke schon in Biedermeiertagen, und der Feuerwerker Böhm, ein „Geheimer Sekretär im Königlichen Kriegs-Ministerii“, war der erste, von dem wir seit etwa 1825 Kunde haben. Eine Zeit lang war er Pächter des jetzigen HO-Restaurants „Zenner“, das Langhans, Sohn des Brandenburger Tor-Baumeisters, 1822 als „städtisches Gasthaus an der Spree“ errichtet hatte. Der Magistrat von Berlin war Grundherr in Treptow und hatte schon 1653 dem Pächter des Zenner-Vorläufers den Ausschank von Bier und Wein zugestanden, damit die Bürger zu ihrem Recht kamen, wenn „sie auf ihre Kosten daselbst Lust haben und des Sommers an diesem Ort spazieren fahren wollen“. Hundert Jahre später heißt es im Aktendeutsch eines Kommissionsberichts, daß „die Wirthschaft, da besonders des Sommers sich viel Menschen auß der Residentz hierher begeben, um sich im grünen Busche mit Spatziren zu divertiren, indem sehr viel geträ̈nke Consumirt, auch die Gäste mit Speisung gegen reichlicher Bezahlung accomodiret werden, einträglich gewesen sei“.

Mit Böhms Feuerwerken hatte es seine besondere Bewandtnis. Sie verregneten zumeist, so daß jeder den Schirm mitnahm, wenn die „Tante Voß“ oder der „Onkel Spener“ — Berlins damalige Tageszeitungen — „Feuerwerk in Treptow“ angekündigt hatten. Mochte der Himmel tagsüber noch so heiter sein — abends gab’s bestimmt ein Gewitter. Das soll im alten Berlin so sicher gewesen sein wie das Amen in der Kirche. Eine stadtbekannte Anekdote unterstrich diese Tatsache.

Ein „Playboy“ jener Tage hatte sich bei einem teuren Schneider einen sehr eleganten Überrock bauen lassen und trug ihn bei schönstem Wetter Unter den Linden spazieren. Er war gerade beim Brandenburger Tor angelangt, da pladderte es plötzlich los. Tage vergingen, der feine Rock war wieder getrocknet; abermaliges Spazierenführen und abermalige Regentaufe folgten. Als sich dieses merkwürdige Verhängnis zum fünften Male wiederholt hatte, wurde das teure Stück dem Schneider zum Aufbügeln gebracht. Und was entdeckte er? In der Versteifung des

Samtkragens war versehentlich — oder absichtlich? – ein Zettel mit der Ankündigung „Feuerwerk in Treptow“ eingenäht worden.

Dort, wo „Zenner“ liegt, hatte schon vor zweihundert Jahren der Pächter des städtischen Vorwerks Treptow den Berlinern neben Bier und Wein auch Kaffee ausgeschänkt. Seine wiederholten Beschwerden, daß die 1775 in der Nähe angesiedelten sächsischen Kolonisten das gleiche täten, ohne die entsprechende Konzession zu besitzen oder Abgaben zu entrichten, brachte die pfiffige Kolonistenfrau Taube aus Leikwitz bei Schkeuditz auf den Dreh, künftig nur noch kochendes Wasser zum Kaffeebrühen abzugeben, was man nicht verbieten konnte, auch nicht wollte. Damit war der einst so verbreitete, für Berlin typische Gastwirtsbrauch geboren „Hier können Familien Kaffee kochen“, der zuletzt nur noch bei „Brunow“ in Schildhorn geübt und dort 1970 auch eingestellt wurde.

Fischerfrauen fingen fette Fische

Die Feststellung „Du bist wohl vom Kietz“ wird in Berlin nicht gerade als Schmeichelei empfunden. Aber weder die Bewohner des „Liebenwalder Kietzes“ auf dem Wedding noch die der beiden Charlottenburger Kietze — dem „Kommunekietz“ an der Zillestraße und dem Kietz zwischen Schloßbrücke und Mierendorffplatz — haben deswegen Minderwertigkeitskomplexe oder gar Magengeschwüre. Im Gegenteil, ihr ausgeprägtes Eigenleben, ihr Selbstbewußtsein hat sie ja erst zu „Kietzern“ gemacht. Vorbild waren naturgemäß die historischen Kietze, von denen der Spandauer und Kietz-Rummelsburg (früher sogar eine Bahnstation) nur noch in der Erinnerung bestehen.

Höchst lebendig aber blieb bis heute der Kietz in Köpenick, jene uralte „Fischerrepublik“, die bis 1898 überdies eine selbständige Landgemeinde war. Gewerblich und kommunalpolitisch unterschied sie sich vollkommen von der Stadt Köpenick. Sie besaß ihren eigenen Dorfschulzen und unterhielt zeitweise auch eine eigene Schule. Fast 90 Jahre lang hatten die Kietzer sich gegen die Eingemeindung in Köpenick gewehrt, auch dagegen, daß der alte Name der Gemeinde auf die ehemalige Dorfstraße übertragen wurde, die sie lieber Fischerstraße getauft hätten.

Unsere Fischersiedlung, deren Bewohner noch 1387 „Wenden" genannt wurden, liegt südlich der Köpenicker Altstadt am Ufer des Frauentogs, einer kleinen Bucht der Dahme zwischen dem Kietz und der Schloßinsel. Einst in schwerer Kriegszeit, als es nichts zu knabbern und zu beißen gab, sollen hier die Ehefrauen der Fischer ausgefahren sein, obwohl die Männer gesagt hatten: Wo wir mit unseren Kähnen und den Fischkästen liegen, da gibt es nichts zu fangen. Aber die Frauen zogen alle Netze voll und schwer ans Ufer. Mit einem Schlage hatte man so viele Fische, daß die Kietzer und die Köpenicker für lange Zeit sorgenfrei leben konnten. So berichtet die Sage, und seitdem heißt die Wasserfläche Frauentog, weil die Frauen hier die Netze „togen", wie man damals sagte.

Jahrhundertelang war der Kietz eine reine Fischersiedlung. Erst gegen Ende der 1890er Jahre wandelten sich sein äußeres Bild und seine innere Struktur. Die niedrigen strohgedeckten Fischerhütten wurden von mehrstöckigen Miethäusern verdrängt, in die nun Arbeiter und Handwerker einzogen. Die Söhne der Fischer aber wurden dem traditionellen Beruf untreu, zumal die Erträge der Fischerei mehr und mehr zurückgingen. Heute sind von den 31 fischereiberechtigten Eigentümern nur noch sieben als Fischer tätig. Dennoch sind die Kennzeichen ihres Berufs unübersehbar. Von den einst mit einem goldenen Fisch, dem Wahrzeichen des freien Fischergutes, geschmückten Häusern führen Gassen und Steige zu den Kahnstellen am Ufer des Frauentogs und des Kietzgrabens, der Spree und Dahme miteinander verbindet und den Fischern den unmittelbaren Zugang zu beiden Gewässern ermöglicht.

Hier stehen noch die „Rickinge" — Holzgerüste, auf denen die Zugnetze trocknen — und die „Trumpen", große, an Pfählen hängende Holzkästen für die gefangenen Fische. Die Angehörigen der alten Fischerfamilien Finkelde, Judis, Linsener, Noack, Plehm und Streichan arbeiten heute im Kollektiv als „Produktionsgenossenschaft werktätiger Fischer“. Ihre Fangmethoden sind modern und bringen ihnen im Jahr rund 4000 Zentner Fische ein, aber ihre Berufssprache ist noch stark durchsetzt mit Ausdrücken aus jener Zeit, als im Kietz nur „Platt“ gesprochen wurde. Obwohl der Fischer Lebensgewohnheiten und Standorte der Fische genau kennt, weiß er nie im voraus, wieviel er fangen wird. Diese Ungewißheit seines Berufs kommt in einigen, oft gebrauchten Redensarten zum Ausdruck: „N' Fischer sein Kopp is'n Irrenhaus“ oder „Der Fischer is'n Plimper, un wenn er nischt fängt, is er'n Stimper“.

Der Köpenicker Kietz war sicherlich schon Sitz wendischer Fischer, als der sagenumwobene Slawenfürst Jacza de Copnic auf der heutigen Schloßinsel residierte. Dank der bekannten Schildhornsage ist er jedem Berliner seit Schülertagen vertraut. Nahezu unbekannt aber blieben Schloß und Park auf der schönen „Insel Immergrün“, weil sie selbst in den Jahren nach 1945 für die Öffentlichkeit unzugänglich waren. Das 1682 von dem niederländischen Malerarchitekten Rutger van Langevelt für den Kurprinzen Friedrich, den späteren ersten Preußenkönig, erbaute Schloß beherbergt seit 1963 das Kunstgewerbemuseum. In den vorzüglich restaurierten Barockräumen mit ihren reichen Stuckdecken und Plafondmalereien sind kunsthandwerkliche Meisterleistungen aus allen großen Zeitabschnitten der europäischen Kunstgeschichte von der Romanik bis zum Klassizismus des ausgehenden 18. Jahrhunderts ausgestellt. Sie verbinden sich mit der schönen märkischen Landschaft, die überall zu den Fenstern hereinschaut, zu einem stimmungsvollen Ganzen.

Den vom Kietzbummel und Museumsbesuch ermüdeten Wanderer erwartet das jüngst eröffnete „Schloßcafé“ neben der schmucken Schloßkapelle, die 1684 von dem auch am Kernbau des Charlottenburger Schlosses beteiligten Baumeister Arnold Nering geschaffen wurde.

Schloßkapelle in Köpenick, 1931

Am winterlichen Müggelsee

„Von allen in der Umgebung Berlins gelegenen Seen nimmt der Müggelsee die erste Stelle ein; denn er ist nicht nur größer als die schönen Havelseen, sondern auch mittels der Stadtbahn leichter und schneller zu erreichen als diese. Mehr als ein Dutzend Züge bringen den Berliner täglich in dreiviertel Stunden vom Mittelpunkt der Stadt nach Friedrichshagen." Das schrieb vor 85 Jahren ein Kollege der Feder, der in Wort und Bild der „Winterszeit auf dem Müggelsee bei Berlin" gedachte. Wir wollen das gleiche tun, aber es wird für die meisten Leser nur ein gedanklicher Spaziergang sein. Denn wer fährt schon nach Friedrichshagen, das man jetzt alle zwanzig Minuten in einer halben Stunde Fahrzeit erreichen kann — wenn man will und einen Passierschein besitzt.

Nahe dem Bahnhof erinnert der „Kurpark“ an jene Zeiten, da Friedrichshagen den Ehrgeiz hatte, Kurort zu werden und als erstes einmal eine bald wieder abgeschaffte Kurtaxe erhob. Hier muß irgendwo auch das „Städtische Naturtheater Friedrichshagen“ gelegen haben, in dem vor vierzig Jahren Heinrich George mit Shakespeares „Was ihr wollt“ und Walter Felsenstein mit dem „Zigeunerbaron“ ihr Können als Regisseure bewiesen.

Doch uns zieht's zum Müggelsee, den wir über die Friedrichstraße, Pardon! Bölschestraße erreichen. Der Gründer Friedrichshagens, König Friedrich II., hat den Namen der Hauptstraße an den einst sehr bekannten naturwissenschaftlichen Schriftsteller Wilhelm Bölsche abgeben müssen, der vor der Jahrhundertwende zu dem legendär gewordenen „Friedrichshagener Kreis“ gehörte, einer Gemeinschaft junger Dichter, die heute zumeist vergessen sind. Bis auf Gerhart Hauptmann, der nach Bölsche gar nicht zu diesen Poeten des „Berliner Vorort-Realismus“ gehörte, auch in Erkner wohnte.

Der Müggelsee ist mit einer Fläche von 746 Hektar der weitaus größte See des wasserreichen Berlin. Das sagt schon sein Name, der auf das alte deutsche Wort „mikel“ zurückgeht, und das bedeutet eben „groß“. Wenn die „Müggel“ auch so groß ist, daß beispielsweise der Ortsteil Steglitz auf ihr bequem Platz hätte, ist ihre Wassertiefe mit durchschnittlich 3,5 Metern und einem Maximum von 8 Metern doch recht gering, so daß der See rasch zufriert. Auch bei unserem Besuch trug der Müggelsee bis auf die mühsam freigehaltene Fahrrinne der Müggelspree eine feste Eisdecke, die für alle Liebhaber des Eissports einen unvergleichbaren Tummelplatz abgibt. Doch ist das heutige Bild nicht so bunt, wie es der eingangs erwähnte Publizist 1888 in der Zeitschrift „Das Buch für Alle“ schilderte. Segelschlitten sind nur spärlich vertreten, und die über eine Distanz von fünf Kilometern ausgetragenen Schlittschuhwettlaufen von damals sind längst vergessen. Auch das „bei älteren Damen besonders beliebte Fahren auf dem Piekschlitten, welcher seinen Namen daher hat, daß er vermittels zweier Stachelstöcke fortgestoßen wird (pieken heißt nämlich in Berliner Mundart so viel wie stechen)". Wer es gut trifft, kann auf dem Müggelsee die traditionelle Eisfischerei der Köpenicker und Rahnsdorfer Fischergilden erleben, von der unser brandenburgischer Chronist Johann Christoph Bekmann bereits 1751 schrieb, daß die „bei winterszeit auf dem eise in ziemlicher menge gefangenen Fische einen angenehmen geschmak haben". So viel wie damals wird heute nicht mehr gefangen, und die Eisfischerei dient wohl mehr dazu, den alten Brauch auch den jüngeren Angehörigen der Fischerinnungen vertraut zu machen. Zu diesem Zweck wird eine Reihe von Löchern in das Eis gehauen, in die man das Netz hineinläßt. Es wird dann mit langen Stangen unter dem Eis weitergeschoben. Zum Schluß wird das Netz an einer eisfrei gehaltenen Uferstelle an Land gezogen und die mehr oder minder reiche Beute geborgen.

Piekschlittenfahrt auf dem Müggelsee, 1888

Das Gros auf dem Eis bilden aber wie auf Wannsee und Havel die Fußgänger, die auf dem im Schnee schon von Friedrichshagen aus deutlich sichtbaren Trampelpfad in Richtung Müggelberge stapfen. Hier erwarten sie die bekannten und seit Generationen beliebten Uferlokale „Rübezahl" und „Müggelseeperle", das die Älteren als Prinzengarten kannten. „Rübezahl" wurde 1890 gegründet von dem bis dahin am Teufelssee in den Müggelbergen hausenden Gastwirt Carl Lange, einem sehr urwüchsigen Waldmenschen, der wegen der äußeren Ähnlichkeit mit der Sagengestalt aus dem Riesengebirge allgemein Rübezahl gerufen wurde.

Nahe dem Teufelssee kann man sich auf der vor einigen Jahren erneuerten Rodelbahn austoben, auch wenn man keinen Schlitten mitgebracht hat. Den gibt's nämlich leihweise. Rund um den See, dessen tiefschwarzes Wasser jetzt auch mit Eis bedeckt ist, hat man einen Naturlehrpfad angelegt. Eins der rund 100 Erläuterungsschilder spricht auch von den vielen, an den See geknüpften Sagen, von denen die von der verwünschten Prinzessin wohl die bekannteste ist. Gelegentlich sieht man sie aus dem Berg hervorkommen mit einem Kästchen in der Hand. Es soll schieres Gold enthalten, das für den bestimmt ist, dem es gelingt, die Prinzessin dreimal um die Kirche von Köpenick zu tragen — allerdings, ohne sich dabei umzusehen; denn nur dann kann die Prinzessin erlöst werden. Daß es noch niemand geschafft hat, wird man sich vorstellen können.

Die Prinzessin habe ich nicht gesehen, wohl aber eine Menge von farbenfroh gekleideten Skihäschen, die sich an den steilen Hängen der Müggelberge tummelten oder in den verschiedenen Etagen des Müggelturms ausruhten. Der winterliche Dunst gestattete es leider nicht, die an klaren Tagen bis zu 50 Kilometer weit reichende Aussicht auf die märkische Landschaft zu genießen.

Bei einer Tasse Kaffee gingen die Gedanken vom Müggelberg zum Molkenmarkt im Herzen von Berlin, wo bis zum letzten Krieg Schulterblatt und Rippe an jenen Riesen erinnerten, der von den Müggelbergen aus mit mächtigen Steinen nach den Berlinern und ihren Kirchen warf. Eines

Tages hatten sie den Unfug satt und machten dem Riesen kurzerhand den Garaus. Da er jedoch so groß war, daß sein Leib auf einem Kirchhof keinen Platz hatte, mußte man ihn zerstückeln und auf allen Kirchhöfen der Stadt begraben. Zum Gedenken daran wurden Rippe und Schulterblatt am Gasthaus „Zur Ribb“ aufgehängt, das unter diesem Namen im Köllner Protokollbuch von 1684 bis 1688 verzeichnet ist. Daß dieses geschichtliche Wahrzeichen unserer Stadt immer wieder erneuert wurde und zuletzt aus Schulter und Rippe eines Grönlandwals bestand, sei für jene vermerkt, die es ganz genau wissen wollen.

Die Müggelberge versagten sich dem Weinbau

Theodor Fontane, dem — wie er einmal bekannte — jegliches „Talent zur Feierlichkeit“ fehlte, hat es sich gefallen lassen müssen, anläßlich der 150. Wiederkehr seines Geburtstages im Dezember 1969 von Autoren jeden Grades in Wort und im Fernsehbild glorifiziert zu werden. Die Landespostdirektion bescherte uns dazu noch eine hübsche Sondermarke mit dem Fechnerschen Bildnis des märkischen Wanderers: Grund genug, hier ebenfalls Fontane zu bemühen.

Im „Spreeland“-Band seiner unvergänglichen Wanderungen durch die Mark Brandenburg hat er eine unübertreffliche Charakterisierung der Müggelberge gegeben, die so ganz von den üblichen märkischen Bergen abweichen. Während diese zumeist einfache Kegel oder Plateauabhänge sind, machen die Müggelberge den Eindruck eines Gebirgsmodells. „Etwa als habe es die Natur in heiterer Laune versuchen wollen, ob nicht auch eine Urgebirgsform aus märkischem Sande herzustellen sei. Alles en miniature, aber doch nichts vergessen. Ein Stock des Gebirges, ein langgestreckter Grat, Ausläufer, Schluchten, Kulme, Kuppen, alles ist nach Art einer Reliefkarte vor die Tore Berlins gelegt, um die flachländische Residenzjugend hinauszuführen und ihr über Gebirgsformationen einiges ad oculos demonstrieren zu können.“

Ein Bayer wird über die so gepriesenen Müggelberge nur lächeln können und sie allenfalls als „Muggel“ bezeichnen, was im „Südpreußischen“ sehr ähnlich klingt, aber nur „Hügel“ bedeutet. Wir sind jedoch stolz auf den mit seinen 115 Metern höchsten natürlichen Berg Berlins, dem der aufgeschüttete „Teufelsberg“ im Grunewald höhenmäßig wohl gleichkommt. Nicht jedoch in der landschaftlichen Wirkung; denn vom Spiegel des Müggelsees bis zur Kuppe der Müggelberge sind gute 80 Meter zu überwinden, und das ist für unsere Flachlandverhältnisse doch sehr beachtlich. Man spürt's auch in den Beinen, wenn man von der Müggelheimer Chaussee aus hinanklimmt.

Müggelheim ist eine friderizianische Ansiedlung, die Glaubensflüchtlingen aus der Pfalz eine neue Heimat geben sollte. Der eigenartige Grundriß des Dorfes in Gestalt einer Raute läßt an das unferne Gosen denken, das in Kreuzform angelegt wurde. Und dieser biblische Name wieder an unser Moabit, das keineswegs aus „terre maudite“ (verfluchtes Land) entstand, sondern auf das Jesaias-Wort zurückgeht: „Laß meine Verjagten bei dir beherbergen, Moab.“

Die 1747 aus dem pfälzischen Meisenheim, aus Odernheim und Sobernheim nach Preußen gekommenen zwanzig Kolonistenfamilien werden wohl anfänglich über den sandigen Boden in Müggelheim geflucht haben, auf dem sie es nicht zu bäuerlichem Wohlstand bringen konnten. Auch der Plan, an den Hängen der Müggelberge die heimische Weinkultur zu betreiben, scheiterte an den ungünstigen Bodenverhältnissen. Da aber die meisten Einwanderer ein für damalige Zeiten recht ansehnliches Kapital von 50 bis 100 Gulden mitgebracht hatten, konnten sie der ungewissen Zukunft ruhig entgegensehen.

Schon unter dem Großen Kurfürsten hatte man Großes für die Gegend des heutigen Müggelheim vor. Der holländische Magister Benedikt Skytte legte das phantastische Projekt einer Universalstadt von Gelehrten und Finanzleuten namens „Futura“ vor, die sich über das ganze Gebiet des Spree-Dahme-Winkels mit prachtvollen Gebäuden erstrecken sollte und als Krönung des gigantischen Unternehmens eine kurfürstliche Burg auf der Höhe der

Müggelberge vorsah. Hier sollten Auswanderer aus allen Teilen Europas Zuflucht finden und ihre Umgangssprache lateinisch sein. Esperanto kannte man ja noch nicht.
Man wußte aber schon von der berühmten „Germania" des römischen Schriftstellers Tacitus aus dem Jahre 98 nach Christus, in der das „in einem durch die Weihen der Ahnen und durch uralte Scheu geheiligten Walde" liegende „Heiligtum der Semnonen" geschildert wird, leider ohne es näher zu lokalisieren. Seitdem hat man es auf den Müggelbergen gesucht. Carl Blechen, der „Vater der märkischen Landschaftsmalerei", stellte es in einem romantischen Gemälde dar, und Fontane hat es in seiner „Semnonenvision" besungen:

„Über den Müggelsee setzt mich der Ferge.
Nun erklett'r ich die Müggelberge,
mir zu Häupten rauschen die Kronen
wie zu Zeiten der Semnonen,
unserer Urahnen, die hier im Eichwaldschatten
ihre Gottheitsstätten hatten."

Soviel man auch immer suchte, diese germanische Kultstätte ist bisher nicht gefunden worden. Auch auf den Müggelbergen nicht, obgleich eine in den zwanziger Jahren von Professor Kiekebusch auf der Kuppe zwischen Kleinem und Großem Müggelberg ausgegrabene Halle anfänglich dafür in Anspruch genommen wurde. Doch die gefundenen Gefäßreste verwiesen sie in die Bronzezeit, als es den märkischen Zweig der germanischen Semnonen noch nicht gab.
Müggelheim war um 1920 noch eine kleine verschlafene Landgemeinde von kaum mehr als 200 Einwohnern, die sich bis heute auf über 5000 vermehrt haben. 1921 sollte schon ein grundlegender Wandel geschehen, als ein geschäftstüchtiger Unternehmer mit größtem Reklameaufwand die auf seinem Grundstück erbohrte „Mineral"quelle der verdutzten Öffentlichkeit präsentierte. „Mensch sei helle, trink Hartwig-Quelle" schrie es von den über ganz Berlin verteilten Plakaten. Doch die hellen Berliner hatten sehr bald heraus, daß sich der lautstark propagierte Mineralsprudel nur durch seinen Kohlensäurezusatz von dem aus dem Hahn kommenden Leitungswasser unterschied.

Inmitten der Dorfaue, ganz nahe der schlichten Kirche von 1804, steht seit 1962 ein Gedenkstein für Müggelheims größten Sohn, der es trotz nie vollendeter Gymnasialschulzeit bis zum Generalleutnant brachte. Aber nicht wegen militärischer Erfolge, sondern dank seines überragenden mathematischen Könnens, das ihn zum Begründer der internationalen Erdmessung werden ließ. Johann Jacob Baeyer war es, Sohn eines Bauern, dessen Familie zu den Gründern von Müggelheim gehörte. Den Stein schmückt sein Porträt nach der großen goldenen Medaille, die ihm 1883 auf der Konferenz in Rom verliehen wurde. Jener bedeutungsvollen Zusammenkunft, bei der man den Meridian von Greenwich als Einheitsmeridian für alle internationalen Längenbestimmungen angenommen hat.

Kolonistenhaus in Müggelheim, 1925

Schlaflose Nächte am „Gänsebahnhof“

Vorstellen kann man es sich heute nicht mehr und muß es doch als Tatsache hinnehmen: Das industriereiche Lichtenberg ist einmal einer der beliebtesten Villenvororte Berlins gewesen. Wohlverstanden das eigentliche Lichtenberg; denn seine weitgedehnten Ortsteile Friedrichsfelde, Biesdorf, Kaulsdorf, Mahlsdorf und Marzahn sind es in ihrer Art noch jetzt, ohne etwa mit Grunewald oder Dahlem konkurrieren zu wollen. Da käme höchstens Karlshorst, der „Westen des Ostens“, in Betracht. Es hat übrigens neben der bekannten Rennbahn eine neue Sehenswürdigkeit aufzuweisen. In der Rheinsteinstraße ist im Gebäude der früheren Pionierschule der Wehrmacht, in der am 8. Mai 1945 die bedingungslose Kapitulation unterzeichnet wurde, ein „Sowjetisches Armeemuseum“ eingerichtet, für das die Heerführer Shukow, Konjew und Sokolowski ihre im Kampf um Berlin getragenen Uniformen und die damals benutzten Generalstabskarten zur Verfügung stellten.

Doch uns interessiert Lichtenberg, von dem Stadtchronist Nicolai 1786 berichtete: „Es sind daselbst verschiedene angenehme Landhäuser Berlinischer Privatpersonen. Darunter ist besonders das Landhaus Sr. Excellenz des Herrn Generallieutnants und Gouverneurs v. Möllendorf merkwürdig.“ Es lag in einem weiten, im englischen Geschmack gehaltenen Garten voll hoher Laub- und Nadelbäume mit „einigen Treib-, Sonnen- und Lusthäusern, einem Orangeriegebäude, in dem sich viele seltene ausländische Pflanzen, darunter vier hochstämmige Pommeranzenbäume befanden“.

Seine letzten Reste wurden 1907 zum Stadtpark umgewandelt, und der Name des Generals Friedrichs des Großen lebt in der Lichtenberger Hauptstraße weiter. Der zweite Kosmonaut der UdSSR gab dem Zentralhaus der Jungen Pioniere „German Titow“ am Südrand des Stadtparks seinen Namen, in dem seit 1951 auch das „Theater der Freundschaft“ betrieben wird. Ein Kindertheater, dessen Spielplan vorwiegend Stücke umfaßt, die im Auftrage des Hauses von sozialistischen Schriftstellern für die Jugend geschrieben wurden. Es erfreut sich uneingeschränkter Beliebtheit, was niemand von der Haftanstalt des Staatssicherheitsdienstes in der Normannenstraße behaupten wird.

An der Ecke Möllendorf- und Normannenstraße ragt der 1898 für 396 664,89 Mark aufgeführte „herrliche Monumentalbau“ des Lichtenberger Rathauses auf, der sich mit seinen historisierenden Stilformen von den gleichzeitigen Berliner Vororträthäusern kaum unterscheidet, sie höchstens an Geschmacklosigkeit noch übertrifft. Die durch den starken Zuzug der werktätigen Bevölkerung und die Ansiedlung von Industrie auf dem früheren Rittergutsgelände beiderseits der Herzbergstraße finanzkräftig gewordene Gemeinde mußte das — der wilhelminischen Zeit entsprechend — sichtbar werden lassen. Zumal seit langem Bestrebungen im Gange waren, sich auf eigene Füße zu stellen. Die Forderung nach Verleihung der Stadtrechte wurde aber erst 1907 erfüllt, nachdem Lichtenberg seine Einwohnerzahl auf fast 70 000 gebracht hatte.

Unter den hier ansässigen Industriebetrieben befand sich die auf Ballonhallen spezialisierte Eisenbaufirma E. de la Sauce u. Kloß. Ein Name, der natürlich dem allzeit bereiten Volkswitz der Berliner sehr gelegen kam. Diesem entsprang auch das alljährlich am Jakobitag, dem 25. Juli, in Lichtenberg gefeierte „Mottenfest“ der Tuchmacher und Wollweber. Man hat es mit einem angeblichen Wohltäter der Tuchmacher namens Mottum in Verbindung bringen wollen, aber die gleichfalls im Hochsommer in Pankow und Friedrichsfelde gefeierten „Fliegenfeste“ der Leineweber und die „Wurmfeste“ der Seidenweber beweisen, daß wohl doch an die Motten als die größten Wohltäter der Wollweber gedacht war. Schließlich schafften diese Insekten ihnen mehr Arbeit, als es der natürliche Verschleiß der Kleidung mit sich brachte.

Das Mottenfest fand in dem großen Gartenrestaurant von Sander an der Dorfaue, dem heutigen Loeperplatz, statt, das den Älteren als „Konzertgarten Schwarz“ noch ein Begriff ist. Es lag ganz nahe der Dorfkirche des 13. Jahrhunderts. Sie brannte im Kriege aus, ist aber längst wieder hergestellt. Vor acht Jahren wurde auch der Turm er-

Lichtenberg anno 1800

neuert. Statt der barocken Laterne von 1792 erhielt er einen bäuerlich-schlichten Spitzhelm.

Zur Vorweihnachtszeit wird man des „Gänsebahnhofs" Lichtenberg-Friedrichsfelde gedenken und sich daran erinnern, daß dessen Anwohner dann schlaflose Nächte hatten. Die hier und auf dem früheren Magerviehhof in großen Gattern eingesperrten schmackhaften Martinsvögel waren im Gegensatz zum Gebrauch von heute, der die tiefgefrorene tafelfertige Hafermastgans bevorzugt, lebendig aus Rußland und Galizien gekommen. Um die Transportverluste auszugleichen, war das Gelände nachts taghell erleuchtet, so daß die Gänse ununterbrochen fressen konnten. Das ging naturgemäß nicht ohne Geschnatter ab. Wie laut es war, kann man sich vorstellen, wenn man hört, daß allein im Jahre 1905 hier zweieinhalb Millionen Gänse den Händlern zur Verfügung standen.

Zu Lichtenberg gehörte seit 1912 auch die bis dahin selbständig gewesene Gemeinde Boxhagen-Rummelsburg; ebenfalls ein Name nach dem Herzen des Berliners. Und dabei ist daran nur der Weinhändler Rummel schuld, der an dem später nach ihm benannten „Stralower See" das erste der nachher so zahlreichen Gartenlokale eröffnete. Wenn wir uns schon so nachdrücklich den Ortsnamen widmen, sei vielleicht auch ein Wort zu Lichtenberg selbst gestattet. Gleich Lichtenrade und Lichterfelde weist es in die Zeit um oder kurz nach 1200, als die Siedler aus dem Westen Deutschlands in das von Slawen nur spärlich genutzte Land kamen, es rodeten und in rascher Folge mit Dörfern und Städten besetzten. Das 1912 verliehene Stadtwappen hält den Vorgang durch einen „lichten Berg" am Rummelsburger See fest. Ährenbündel und Zahnrad symbolisieren die überlieferte Landwirtschaft und die neuzeitliche Industrie, von der die „Knorr-Bremse" und das Kraftwerk Klingenberg auch jenseits der Lichtenberger Grenzen bekannt sind.

„Komm Karlineken, komm, wir woll'n nach Pankow jehn"

„Zu Pfingsten lenkte Bolle nach Pankow hin sein Ziel", so beginnt das bekannte Lied eines namenlosen Berliner Volkspoeten, die vielen Strophen enden mit dem gern zitierten Refrain: „Aber dennoch hat sich Bolle ganz köstlich amüsiert!" — „Komm Karlineken, komm, wir woll'n nach Pankow jehn, in Pankow is et wunderschön" heißt der Text einer Polkamelodie aus der Zeit kurz vor der Jahrhundertwende. „Kein Ort in der lumpichten Welt mir besser als Pankow gefällt" schließt das dreizehn Strophen lange Gedicht eines biedermeierlichen Studenten, und kein Geringerer als Emanuel Geibel sagte einmal: „Schön ist's im fischberühmten Stralau, dank o Neptunus dir, und schön ist's auch in Pankow."

Bei so vielen Lobeshymnen, die man unschwer vermehren könnte, ist es wohl selbstverständlich, daß wir unsere Pfingstpartie — wenigstens in Gedanken — ins „grüne Pankow" unternehmen. An Ort und Stelle wollen wir uns umsehen, was von den immer wieder gepriesenen landschaftlichen Reizen des einstigen Dorfes des Niederbarnimer Kreises geblieben ist.

„Pankow ist in der näheren Umgebung der Hauptstadt unbedingt das schönste Dorf und einer der beliebtesten Sommersitze der Berliner, besonders der Kaufleute. Die fast durchgängig in einfacher Vornehmheit erbauten Landhäuser verschwinden beinahe in dem dichten Laub der uralten Baumriesen, während die geschmackvoll angelegten, sorgsam gepflegten Vorgärten immer von Neuem das Entzücken des Beobachters bilden."
Seit den neunziger Jahren, als diese schwärmerischen Worte geschrieben wurden, hat Pankow gleich anderen Vorortgemeinden in seiner städtebaulichen Entwicklung dem sprunghaften Anstieg der Bevölkerung von etwa 7000 Einwohner auf die zehnfache Zahl Opfer bringen müssen. Die zunehmende Industrialisierung aber hat es fast unberührt gelassen. Von der Zigarettenfabrik Garbaty abgesehen, die — wenigstens bei der Fabrikation — ohne rauchende Schlote auskommt.
Die Breite Straße, der alte Dorfanger Pankows, ist heute ein Brennpunkt des Verkehrs und längst nicht mehr das „Idyll der Biedermeierzeit", wie Adolf Heilborn noch 1921 empfand, als er auf seiner „Reise nach Berlin" hierher kam.
Aber noch immer erfreuen der reiche Baumschmuck in den Straßen und viele in Grün gebettete Villen das Auge. Wem Grunewald oder Dahlem zu teuer waren und wer dennoch nicht allzu fern von der Großstadt wohnen wollte, ließ sich in Pankow nieder. Heute wohnen hier — in einem Sperrbezirk — Staats- und Parteifunktionäre. Ihre Anwesenheit hat den Namen Pankow zu einem Synonym für das Ulbricht-Regime werden lassen. Sehr zum Leidwesen der Alteingesessenen. Immer wieder betonen sie, daß doch der Sperrbezirk im benachbarten Niederschönhausen liege und die Regierung nicht hier, sondern in der Wilhelm- und Leipziger Straße ihren Sitz habe.
Das vom schlichten „Dorfkrug" zum anspruchsvollen „Konzerthaus" aufgestiegene Lokal von Lindner gibt es nicht mehr. Unter den zahlreichen Gartenrestaurants Pankows nahm es jahrzehntelang die erste Stelle ein. Der große, baumbestandene Garten gewährte „1100 Personen an sonnigen Tagen einen angenehmen kühlen Aufenthalt, wäh-

rend bei eintretendem Regen die Innenräume 900 Personen Unterschlupf" boten. Überdies gab es an Sonntagen Streichkonzerte und mittwochs Militärmusik, wofür man 10 bzw. 20 Pfennig „Entree" zu entrichten hatte.
Hier standen besonders zu Pfingsten die Kremser aus Berlin in langen Reihen auf der Straße. Hier hatte 1842 die hauptstädtische Innung der Zeug- und Raschmacher ihren Gewerkstag aus der Taufe gehoben, der dann alljährlich im Juli bei Lindner als „Fliegenfest" gefeiert wurde, während die Tuchmacher ihr „Mottenfest" in Lichtenberg begingen.
Inmitten einer grünen Insel der Breiten Straße liegt die kleine Pfarrkirche. Zumindest im ältesten Teil hat sie das dörfliche Gesicht gewahrt. Ein Spaziergang von der Ostwand — gotisches Giebelgezack über Feldsteinmauern — zum Westportal offenbart dem kritisch-kundigen Auge, daß sich zwar die Bautechnik seit dem 15. bis zum Anfang unseres Jahrhunderts entscheidend verbessert, das künstlerische Stilempfinden jedoch damit nicht Schritt gehalten hat. Das beweist auch das gleich mit zwei Türmen protzende Rathaus an der Breiten Straße, das sich die Landgemeinde Pankow anno 1903 fast eine halbe Million Goldmark kosten ließ.
Wie bescheiden diejenigen wohnten, deren Steuergelder den Bau dieser wilhelminischen „Einschüchterungs-Architektur" überhaupt erst ermöglichten, bezeugt das puppenhaft kleine Landhaus des Schokoladenfabrikanten Hildebrand, Breite Straße 45, vor dem noch jene vier, die Temperamente symbolisierenden Rokokoputten stehen, die schon Heilborn entzückten.
Gute Kunden der Pankower Steuerkasse waren auch die gemütskranken Patienten der verschiedenen privaten Nervenkliniken, von denen die des Dr. Emanuel Mendel seinerzeit die bekannteste war. Mendel, der sich 1864 als erster Arzt in Pankow niedergelassen hatte, war Dozent für Psychiatrie an der Berliner Universität und ein Parlamentarier von Ruf, der im Reichstag die Fortschrittspartei vertrat. Im übrigen hielt er alle Menschen so lange für verdreht, bis sie ihm das Gegenteil unzweifelhaft bewiesen hatten.

Der gepflegte Bürgerpark mit seiner Promenade längs der munter dahinströmenden Panke bietet — unverändert schön — das von früher vertraute Bild. Vor etwa hundert Jahren hatte ihn der Verleger der Berliner Börsen-Zeitung, Dr. Hermann Killisch von Horn, auf dem kahlen und sandigen Gelände der durch ein Panke-Hochwasser verwüsteten Papiermühle angelegt. Von den vielen, im Geiste ihrer Zeit geschaffenen Parkbauten blieb nur das „Bürgertor", eine Art Triumphbogen; der Form nach römische Renaissance, aber aus märkischem Material: Backstein, Mörtelputz und Stuck.

Der 1907 von der Gemeinde Pankow angekaufte Bürgerpark geht in die Schönholzer Heide über, von der nicht viel übrig blieb, als man nach dem Ersten Weltkrieg das Waldgebiet zu einer Parklandschaft mit Friedhöfen und Sportplätzen umwandelte. Jetzt sind auch die zahlreichen Vergnügungsstätten verschwunden, die früher mit ihren Rummel- und Tanzplätzen die Berliner in unübersehbaren Scharen herbeilockten.

Hildebrandsches Haus in Pankow, 1922

Ein zweites Klinikum
und die „schönste Landkirche der Mark“

Wenn auch ungern, haben wir uns daran gewöhnen müssen, daß im gespaltenen Berlin nahezu alles doppelt vorhanden ist. Als Positivum aber kann man bewerten, daß es neben dem Klinikum Steglitz auch in Buch am nördlichen Stadtrand — der vom südlichen bei Rauchfangswerder 40 Kilometer entfernt ist — ein städtisches Klinikum gibt.

Im Gegensatz zum Steglitzer Klinikum der Freien Universität, das als Europas modernstes medizinisches Behandlungs-, Forschungs- und Lehrzentrum in einem gigantischen Gebäudekomplex konzentriert ist, verteilen sich die Bucher Krankenanstalten auf eine Fülle von Bauten und über ein weites Gelände. Das hängt mit ihrer historischen Entwicklung zusammen, die bereits um 1900 begann.

Im Jahre 1898 hatte die Stadt Berlin vom Grafen Voß dessen etwa 5000 Morgen großen Besitz für dreieinhalb Millionen Mark erworben. Die großstadtferne Lage am Rande ausgedehnter Waldungen ließ das Bucher Gut für neu anzulegende Krankenhäuser und Altenheime besonders geeignet erscheinen. Bereits 1901 wurde in großzügiger Weise mit dem Bau der Irrenanstalt an der Schwanebecker Chaussee begonnen, die heute Krankenhaus ist und mit ihrem Namen den großen Arzt Hufeland ehrt.

Bis nach dem Ersten Weltkrieg wurde hier gebaut. Immer nach den Entwürfen des Stadtbaurats Ludwig Hoffmann, der es liebte, nicht nur „eine die praktischen Bedürfnisse erfüllende Disposition in angenehmen Formen zur Erscheinung zu bringen, sondern auch die Eigenart der Aufgabe künstlerisch zu betonen“.

Diese Worte fand ich in den nur teilweise gedruckten Erinnerungen des einstigen Beherrschers des Berliner städtischen Bauwesens, der in 28jähriger Amtszeit 111 Bauanlagen mit über 300 einzelnen Gebäuden errichtete. Wie immer man heute zu Hoffmanns Schöpfungen stehen mag — und viele werden ihnen nach wie vor kritisch gegenüberstehen —, das eine darf und muß man sagen: Immer beseelt sie ein menschlicher Hauch, eine formende, geradezu bildhauerisch gestaltende Hand, die in Ignatius Taschner den kongenialen Plastiker fand.

Das kann man bis heute in Buch spüren. Sei es im Hufeland- oder Ludwig-Hoffmann-Krankenhaus, dem in den schönen Bucher Forst eingebetteten Dr. Heim-Tbc-Krankenhaus oder dem Städtischen Krankenhaus am rechten Panke-Ufer, dessen Fundamentgruben in den Jahren 1910 bis 1912 das berühmt gewordene bronzezeitliche Dorf freigaben. Albert Kiekebusch, damals noch „Direktorial-Assistent" des Märkischen Museums, hat schon 1912 über seine Ausgrabungen in der Tagespresse berichtet und die wissenschaftlichen Ergebnisse zehn Jahre später in einem Buch niedergelegt. Die rund hundert Häuser umfassende Siedlung war mindestens vom 12. bis 8. Jahrhundert vor Christi Geburt bewohnt, also etwa von der Zeit des trojanischen Krieges bis zur Gründung Roms.

Nicht vergessen dürfen wir die Tatsache, daß unser Bucher Klinikum eng mit den Forschungsinstituten der Deutschen Akademie der Wissenschaften zusammenarbeitet, die hier unter anderen folgende Einrichtungen unterhält: das an der Lösung des Krebsproblems arbeitende Institut für Medizin und Biologie, das Institut für Kreislaufforschung, das Rehabilitationszentrum und das Kortiko-Viscerale-Institut, das die Zusammenhänge zwischen Hirn- und Körperfunktionen untersucht.

„Nur aus der Sonderart unserer schnell zusammengewürfelten Stadt läßt sich erklären, daß Berlin so betrübend wenig von Buch weiß. Die große Mehrzahl im gesellschaftlich maßgebenden Westen kennt den Ort überhaupt nicht oder nur als geographischen Begriff." Derjenige, der das vor rund 50 Jahren feststellte, hat neun Sommer in Buch gewohnt und — seit ihm die Wohnungsnot vorschrieb, sein zweites Heim in der Stadt aufzugeben — auch mehrere Winter in dem alten und kalten Gutshaus weidlich gefroren. Berlins Oberbürgermeister Wermuth war es, der es als früherer Reichsschatzsekretär (was nach späterem Sprachgebrauch dem Reichsfinanzminister entsprach) mit dem Titel Exzellenz fertiggebracht hatte, über die Revolution hinweg bis zum November 1920 zu amtieren.

Das schon von seinem Amtsvorgänger, dem 1912 verstorbenen Oberbürgermeister Kirschner, bewohnte Gutshaus steht nicht mehr; 1964 wurde es wegen Baufälligkeit abgerissen. Wermuth fand seine letzte Ruhestätte auf eigenen Wunsch auf dem kleinen Friedhof an der Schloßkirche, die von dem Kunsthistoriker Dehio als schönste Landkirche der Mark gepriesen wurde. Theodor Fontane, der Buch in seinem „Spreeland" ein umfangreiches Kapitel widmete, war ganz anderer Ansicht und sprach geringschätzig von ihrem „Laternen- und Butterglockenturm".

Altar und Kanzel der Dorfkirche in Buch, 1885

Die 1731 bis 1736 von Friedrich Wilhelm Diterichs, dem Meister des unvergessenen Ephraimhauses am Molkenmarkt, errichtete Kirche — ein Kuppelbau mit zwei seitlichen Flügeln — ist wirklich ein Prachtstück der Rokokoarchitektur. Leider verlor sie im Krieg den Turm, der bisher nicht erneuert werden konnte. Auch im Innern sind die Fresken und Stuckdekorationen für immer dahin wie auch die so virtuos geschnitzte Herrschaftsloge. Doch der mit der Kanzel verbundene Altartisch widerstand unter der schützenden Vermauerung den Brandbomben. An der Wand hinter dem Altar ist in barockem Prunk das figurenreiche Marmorgrabmal des Bauherrn der Kirche, Staatsminister von Viereck († 1758), aufgebaut, das letzte Werk des damals bereits 79 Jahre zählenden Schlüterschülers Johann Georg Glume.

Neben den kunsthistorischen Glanzlichtern bietet Buch im von der Panke durchflossenen Schloßpark landschaftliche Schönheiten, die 1836 von dem als „Perspektiv-Hummel" bekanntgewordenen Maler des Berliner Biedermeiers in mehreren Ölbildern festgehalten wurden. Man muß sie sich aber in den Museen von Essen und Düsseldorf ansehen. Die von Hummel gemalte Orangerie ist nach 1945 mutwillig zerstört worden.

Auch das Gedächtnismal der Julie von Voß, morganatischer Gattin Friedrich Wilhelm II., des „Vielgeliebten", hat man 1960 zerschlagen. Es trug keinen Namen, sondern nur die Inschrift: „Soror optima, amica patriae, vale" (Geliebte Schwester, Freundin des Vaterlandes, lebe wohl). Dazu die Lebensdaten, ebenfalls auf lateinisch: „Nata V. July (1766), obiit XXV. Merz (1789)." Wie Wermuth erzählt, hörte er eines schönen Sonntages, als er an dem Stein vorüberkam, aus einer Gruppe von Besuchern rufen: „O seht doch, hier steht auch der Name: Nata von July heißt sie."

In Dalldorf waren die Verrückten in der Mehrheit

Sorgen hatten die Leute, muß man wohl sagen, wenn man aus der „guten, alten Zeit“ hört, daß die Einwohner von Dalldorf sich mit ihrem Ortsnamen nicht zufriedengaben und ihn als anstößig empfanden. Schuld daran war die große Irrenanstalt, die Berlin in den Jahren 1877 bis 1880 auf der Gemarkung des zum Kreise Niederbarnim gehörenden Dorfes angelegt hatte. Dalldorf heißt zwar nichts weiter als „Taldorf“, der Name bekam aber im Laufe der Zeit gleich dem als sozial minderwertig angesehenen Rixdorf für den Volksmund eine ominöse Bedeutung, zumal da unter den rund 3000 Ortsbewohnern gegen 1800 Irre waren und somit „die Verrückten die Mehrheit hatten.“ Dalldorfer, die nach einem feucht-fröhlichen Berlin-Ausflug mit der Droschke heimfahren wollten, konnten bei Nennung ihres Fahrtzieles der Antwort sicher sein: „Kinder, da jehört'r ooch hin.“

Die Stadt Berlin hatte das über 260 Morgen große Gelände der jetzigen „Karl-Bonhoeffer-Nervenklinik“ bereits 1869 vom Dalldorfer Gutsbesitzer, Amtmann Seidel, gekauft, konnte mit der Nutzbarmachung aber erst Jahre später beginnen. Die Stadtverordneten waren nicht ohne weiteres bereit, die mehrere Millionen Mark betragenden Baukosten zu bewilligen. So etwas wurde schon damals ausgiebig diskutiert.

Der kahle Gutsacker von einst ist mittlerweile zu einem schönen Waldpark mit dichtem Baumbestand geworden, der die Gebäude der Nervenklinik von außen fast verdeckt. An der Rathauspromenade stehen aber noch — durch das eingemeißelte M z B gekennzeichnet — hohe Granitsteine, mit denen der „Magistrat zu Berlin“ die Grenzen seines Terrains für die pflügenden Dalldorfer Bauern kenntlich machen wollte.

Heute pflügt hier niemand mehr. Der tragikomisch anmutende zähe Kampf um die Änderung des Ortsnamens endete 1905, als das alte Dalldorf durch eine kaiserliche Kabinettsorder zu Wittenau wurde. Man ehrte damit den verdienstvollen Gemeindevorsteher Peter Witte, den drei

Jahre zuvor der Tod aus dem Amt abberufen hatte, das er noch als Achtzigjähriger mit fester Hand führte.

Nachfolger wurde sein Sohn Paul Witte, dem das erhebliche Steueraufkommen der Irrenanstalt und der in Borsigwalde — auf Wittenauer Boden — angesiedelten Fabriken die geldliche Grundlage für den schmucken Neubau des Rathauses am Eichborndamm gab. Nach dem Entwurf des Architekten Fritz Beyer wurde es 1910/11 errichtet und vom Bildhauer Julius Wolf mit einer reichskulptierten Portalhalle geschmückt, die auch das Porträtmedaillon von Peter Witte aufweist.

Beyer hatte zur gleichen Zeit beide Stufen des Wettbewerbs um das neue Rathaus in Schöneberg gewonnen, aber den Bauauftrag erhielt er nicht, weil man ihn für das monumental angelegte Gebäude am heutigen John-F.-Kennedy-Platz als zu jung und unerfahren ansah. Nun, das hat sich grundlegend geändert; denn Beyer ist 96 Jahre alt geworden und war bis zu seinem Tod (1971) von beneidenswerter Rüstigkeit, sowohl in körperlicher wie in geistiger Hinsicht. Doch Rathäuser hat er nicht mehr gebaut.

Die Stilauffassungen der heutigen Architektengeneration haben sich entscheidend gewandelt, wie ein Blick auf den für mein Empfinden allzu monoton geratenen Rathaus-Erweiterungsbau der 1950er Jahre beweist. Ein als „Beamtenlaufbahn" glossierter, geschwungener Glastrakt verbindet ihn mit dem turmgekrönten Altbau. Auf der Grünanlage vor dem Neubau sprudelt munter der Ostseebrunnen, eine löbliche Ausnahme unter seinen zumeist trockengelegten Brüdern.

Die im früheren Seidelschen Gutshaus an der Ecke Alt-Wittenau untergebrachte Heimatschau ist leider nur selten geöffnet, bietet aber im Vorgarten mit alten Meilen- und Mahlsteinen ein Mini-Freilichtmuseum. Das Gartenbauamt tat ein übriges und erläuterte die Bäume und Büsche durch Namenschilder.

Die mit prächtigen alten Bäumen bestandene Dorfaue von Wittenau halte ich für die schönste unserer Stadt, die mit diesen Relikten ländlicher Vergangenheit nicht geizt. Der schlichte Rechteckbau der Dorfkirche hat die für seine Entstehungszeit, das ausklingende 15. Jahrhundert, typische Technik. Unregelmäßig aufgeschichtete Feldsteine und Ziegel des sogenannten „Klosterformats“ sind miteinander zu malerischer Einheit verschmolzen.

Die an der Seitenwand des Kirchenraums aufgestellten Schnitzfiguren der heiligen Anna, der Muttergottes und des legendenumwobenen Bischofs Nikolaus sind Überbleibsel eines spätgotischen Flügelaltars. Für die Kunsthistoriker bedeuten sie die qualitätsvollsten aller in Berlins Dorfkirchen erhalten gebliebenen mittelalterlichen Holzplastiken.

Das Interesse der meisten Besucher ist wohl auf den Grabstein in den Rhododendronbüschen vor der Turmfront gerichtet. Nach der in Marmor eingegrabenen Inschrift hat der Bauer Dessin von seinen früh verstorbenen vier Söhnen den kaum vier Jahre alt gewordenen Albert Michael am 31. (!) Februar 1865 verloren.

Der schnell dahinströmende Nordgraben zweigt in Blankenburg von der Panke ab und ergießt seine nicht gerade kristallklaren Rieselabwässer in den Tegeler See. Gleich dem Teltowkanal im Süden unserer Stadt sollte er ursprünglich zu einem Nordkanal ausgebaut werden. Dieses Projekt hat man seit langem aufgegeben und das für die Kanaltrasse erworbene Gelände in Straßen und Grünanlagen verwandelt, auf denen wir nach Reinickendorf spazieren wollen.

Ein alter Reinickendorfer hat mir einmal erzählt, daß der namengebende Ortsteil des an Fläche größten und in seiner Struktur mannigfaltigsten Bezirks West-Berlins von Droschkenkutschern und Zigeunern aus dörflicher Beschaulichkeit zum städtischen Gemeinwesen entwickelt worden sei. Wie alle guten Anekdoten dürfte auch diese erfunden sein. Aber aus den Akten wissen wir, daß Reinickendorfs Gemeindevorsteher einst der Regierung in Potsdam klagte: „Der starke Zuzug bringt keine Steuerzahler, sondern fast durchweg nur die allerärmste Bevölkerung Berlins hierher. Deren starke Kinderzahl erhöht die Schullasten bedeutend ...“

Für die Schulen und die Straßen der weit auseinander liegenden Siedlungsgebiete haben die Reinickendorfer dann auch einiges getan und darob ihr „Rathaus" vernachlässigt.

Es steht zwar noch, wird aber nur von Eingeweihten als solches erkannt. Es ist das 1885 erbaute, 1896 aufgestockte Haus Alt-Reinickendorf Nr. 38, in dem sich jetzt das 291. Polizeirevier befindet. Die 1740 vom Landmesser Friemel gezeichnete Flurkarte besagt, daß damals der Schweinehirte auf dem Grundstück seine Hütte hatte.

Auch Reinickendorf hat wie Wittenau seine alte Dorfaue mit dem Kirchlein aus spätgotischer Zeit. Sein östlicher Abschluß in Form eines Halbkreises ist zwar für Berlin einmalig, doch nicht so selten, wie man in Reinickendorf behauptet. Ich kenne neun weitere Beispiele in der Mark Brandenburg, doch dürften es noch mehr sein.

Künftig sollen die Autos nicht mehr rechts und links des Angers vorbeisausen, sondern durch die südliche Parallele der Lindauer Allee geleitet werden. Ob die hier entstandenen Hochhäuser wirklich geeignet sind, den niedrig bebauten, historischen Angerraum „herauszuheben", wie die Stadtplaner meinen, dürfte geteilter Auffassung begegnen.

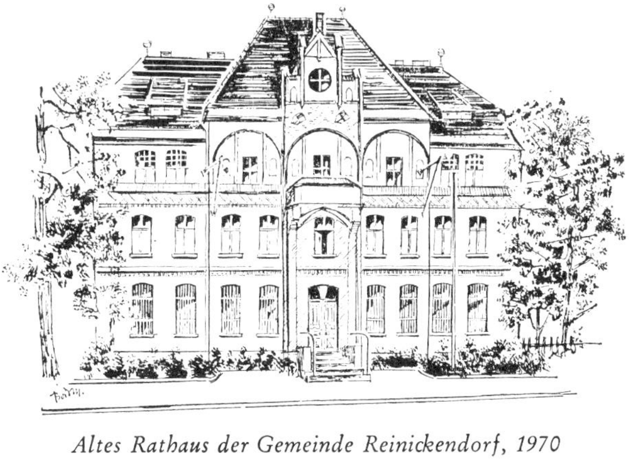

Altes Rathaus der Gemeinde Reinickendorf, 1970

„Wer in Frohnau wohnt, erspart die Sommerreise“

Rund zwanzig Kilometer sind es, die Frohnau, das „Dahlem des Nordens“, von seinem Vorbild im Bezirk Zehlendorf trennen. Trotz mancher Gemeinsamkeit — beispielsweise des brezelförmigen Verlaufs der Straßen, die den ortsunkundigen Autofahrer ganz woanders hinführen als er eigentlich im Sinn hat — ist doch der wesentliche Unterschied, daß Dahlem auf dem baum- und strauchlosen Acker einer Domäne angelegt wurde, während Frohnau der Charakter der märkischen Waldlandschaft erhalten blieb.

Rund 3000 Morgen der Stolper Heide und der Bieselheide hatte der fast achtzigjährige Guido Graf Henckel Fürst von Donnersmarck, dessen Vermögen auf mehr als eine Viertelmilliarde beziffert wurde, im Dezember 1907 von dem auf Stolpe und Schönfließ ansässigen Gutsherrn von Veltheim erworben und sogleich durch die von ihm gegründete Berliner Terrain-Centrale (B.T.C.) erschließen lassen.

Mit einem an amerikanische Gepflogenheiten erinnernden Einsatz von Menschen und Kapital wurden vierzig Kilometer Straßen angelegt; nach einem Bebauungsplan, der aus einem Preisausschreiben hervorgegangen war. Die Professoren Genzmer und Brix aus Charlottenburg erhielten den ersten Preis für ihren Entwurf „Freiluft“ und bekamen auch noch den dritten für die Variante „Dorf-Aue“. Beide Pläne hatten die aus England übernommenen Richtlinien für neuzeitliche Wohnsiedlungen berücksichtigt und mit dem bisher üblichen langweiligen Schachbrettschema gebrochen, wie es etwa im benachbarten Hermsdorf anzutreffen ist.

Auch der Name Frohnau war Ergebnis eines Wettbewerbs, in dem ein wohlklingender, werbender und in Deutschland noch nicht vorkommender Ortsname gesucht wurde. Eine „Frohe Aue“ war gemeint, als man Frohnau bildete, was aber so ungefähr das Gegenteil bedeutet. Daß es noch ein halbes Dutzend Orte mit gleichem Namen gab, merkte man erst, nachdem der Wettbewerb entschieden war.

„Die Sommerreise erspart, wer in frischer und gesunder Waldluft auf eigener Scholle wohnt! Vom Stettiner Vorortbahnhof aus erreichen Sie in 34 Minuten die Gartenstadt Frohnau, die inmitten der Tegeler und Oranienburger Königl. Forst ein Waldgelände von 3000 Morgen der modernen Landhaus-Bebauung in künstlerischer Vornehmheit erschließt. Monumentaler Bahnhof. Herrliche Schmuckplätze. Prächtige Parkanlagen. Keine Kommunalsteuern." Mit diesen und ähnlichen Anzeigen sorgte die B.T.C. dafür, daß Frohnau bald in aller Munde war.

Als besonderes Zugstück galt natürlich der erfreuliche Umstand, daß man keine Gemeindesteuern zu zahlen brauchte. Auch die Preise für die Parzellen waren günstig. Je nach Lage kostete der Quadratmeter 6,50 bis 16 Mark. Bei einer Anzahlung von zwanzig Prozent konnte das Kaufgeld gestundet werden, und wer sofort baute, erhielt eine Prämie von 500 Mark.

Unter den vielen Landhäusern, die bis heute für Frohnau kennzeichnend geblieben sind — vom Geschäftszentrum rund um den Bahnhof abgesehen —, erfreuen die Schöpfungen des durch den Funkturm auch der breiten Öffentlichkeit vertrauten Heinrich Straumer. „Mit sparsamsten Mitteln, mit handwerklicher Tüchtigkeit und naivem Schönheitssinn baut er Häuser, die nicht mehr sein wollen, als eine Wohnstätte für Menschen." So hat sie ein Architekturkritiker schon vor Jahrzehnten gewürdigt.

Das bekannteste Bauwerk in Frohnau ist das Buddhistische Haus am Edelhofdamm in hoher Hanglage auf einem für den Neubau der evangelischen Kirche vorgesehenen Grundstück, das jedoch schnöde als „Sandberg" abgelehnt wurde. Hier hat sich der weitgereiste Arzt Dr. Paul Dahlke 1924 für die von ihm ins Leben gerufene buddhistische Gemeinde eine Kultstätte bauen lassen, die — angefangen beim Portal, das Elefanten und Sonnensymbole zieren — auf die Lehre Buddhas abgestellt ist. So versinnbildlichen die acht Absätze der 72 Treppenstufen den achtfachen, zur Erlösung führenden Pfad Buddhas, der jetzt etwa 550 Millionen Gläubige auf der Welt hat. In Deutschland sind es ungefähr 2500, in Berlin ein paar Hundert.

Buddhistisches Haus in Frohnau, 1970

Der tagsüber jederzeit willkommene Besucher begegnet den in safrangelbe Gewänder gekleideten, wortkargen Mönchen der German Dharmaduta Society, einer Missionsgesellschaft aus Ceylon, und kann ihren abendlichen Meditationsstunden beiwohnen oder auf dem verwilderten Gelände des hier ohne Stein oder Grabschrift beigesetzten Doktor Dahlke gedenken.

Die nördliche Hälfte der tief in den Kreis Oranienburg hineinragenden Frohnauer Gemarkung ist infolge des Ersten Weltkrieges unbebaut geblieben. Ein sehr schöner Eichenmischwald, der im Herbst durch bunte Farben entzückt, lockt zu weiten Spaziergängen; etwa zum Hubertussee, der aus einer verlandeten Wiese entstand, oder zu der im nördlichsten Zipfel West-Berlins beheimateten Invalidensiedlung.

In dieser trifft man ein „Klein-Potsdam“ an, das mit den reliefgeschmückten roten Backsteinhäuschen unter steilen Giebeldächern an das „Holländische Viertel“ der Havelstadt erinnert. Die vom Landesversorgungsamt betreute Invalidensiedlung hatte Anno 1938 ihre Geburtsstunde, als sie die seit 1748 innegehabte Unterkunft im Invalidenhaus des großen Friedrich in der Scharnhorststraße zugunsten der Militärärztlichen Akademie räumen mußte. In Frohnau sind 160 Schwerkriegsbeschädigte mit ihren Familien in geräumigen, auf ihre besonderen Bedürfnisse zugeschnittenen 2-, 3- und 4-Zimmer-Wohnungen mietgünstig und landschaftlich bevorzugt untergebracht.

Frohnaus Gründer hat sich noch kurz vor seinem Tode, 1916, durch die Stiftung Fürst Donnersmarck-Institut ein würdiges Denkmal gesetzt. Die Betreuung schwerversehrter Menschen steht auf ihrem Programm, dem neben Heimen in verschiedenen Berliner Bezirken auch ein Versehrtenheim am Frohnauer Hubertusweg dient. Dort soll der auf lange Sicht geplante Fernsehturm der Bundespost hinkommen. Doch er wird das letzte Bauwerk im Waldgelände der Donnersmarck-Stiftung sein. Dieser so reizvolle, kaum gekannte Teil unserer Stadt soll trotz der vorhandenen Siedlungsstraßen unverbaut der Bevölkerung als Erholungsgebiet erhalten bleiben.

Heiligensee — Süßkirschen und Maulbeerbäume

In Heiligensee ist zur Monatswende Juni/Juli die Kirschenernte in vollem Gange. Nun, werden Sie meinen, das ist doch nichts Besonderes, sondern jahreszeitlich bedingt und überall in Berlin der Fall. Gewiß, aber in Reinickendorfs nordwestlichstem Ortsteil stehen die Süßkirschen an Stelle der üblichen Alleebäume auf dem Bürgersteig der Heiligenseestraße — darum hieß sie früher auch Kirschallee —, so daß man sich unmittelbar an der Autobushaltestelle die Zeit mit Kirschenpflücken vertreiben kann.

Sicherlich findet man das auch an anderen Stellen Berlins — so kenne ich die wohlschmeckenden Birnen am Edenkobener Weg in Lankwitz. Jedoch in Heiligensee gibt es dazu noch den einzigartigen Blick über einen 100 Morgen großen Roggenschlag bis zu der jenseits des Elchdammes aufragenden Dünenkette der Baumberge: ein echtes, rechtes Stück Mark Brandenburg. Die bis zu 55 Meter hohen weißen Sandberge sind durch Schilder als „Domaine militaire“ der französischen Schutzmacht ausgewiesen. Die Botaniker kennen und schätzen sie als Dorado der pontischen Flora; Wärme und Trockenheit liebende Pflanzenarten, die sonst nur an den sonnigen Uferhängen der unteren Oder, in der ungarischen Ebene oder in Südrußland vorkommen.

Alt-Heiligensee heißt jetzt die frühere Dorfstraße, der historische Mittelpunkt und Anger von Heiligensee, dessen wenig ertragreiche Feldmark einmal von Schulzendorf bis Tegelort reichte. Mit 650 Metern Länge und einer maximalen Breite von 130 Metern ist die Dorfaue so weiträumig, daß sie für den gesamten Baukomplex des Charlottenburger Schlosses bequem Platz hätte. Ihr besonderer Schmuck sind schöne alte Bäume; Kastanien und Linden, aber auch einige Maulbeerbäume aus der Zeit des Alten Fritzen. Der Preußenkönig war nämlich der Meinung, Pfarrer, Küster und Schulmeister seien beruflich nicht recht ausgelastet und veranlaßte sie, die „publiquen Gründe“ im Interesse der heimischen Seidenindustrie mit Maulbeerbäumen zu bepflanzen.

Diese friderizianischen Veteranen finden wir vor dem Gasthaus „Dorfaue“, das 1869 vom Gastwirt Peter erbaut wurde, sich aber nach einer merkwürdigen Berliner Sitte (oder Unsitte) noch älter macht. Das südlich benachbarte Schulhaus mit der Feuerwache enstand 1910 als Amtshaus der bis 1920 selbständigen Gemeinde Heiligensee. In der „Bauwelt“ von 1911 wird gesagt, es gebe den Empfindungskomplex des flachen Landes wieder: „Dies Haus ist dafür gebaut, daß es im Schatten hoher, alter Bäume stehe und Erntewagen an ihm vorüberfahren.“

Die Bäume stehen noch, aber Erntewagen sind zur Seltenheit geworden und durch Autos der Großstädter abgelöst, die einen Ausflug in die dörfliche Idylle unternehmen, den

Heiligensee von Süden, 1935

alten Amboß mit seiner Hausmarke, dem „Soli deo gloria" und der Inschrift „J.F.S. 1767" im Hof der Dorfschmiede ehrfürchtig bewundern und gleichzeitig bedauern, daß sie ihn wegen seiner Schwere nicht in ihren Hausgarten verschleppen können.

Ein Blick noch auf die Kirche mit der Windfahne von 1761 auf dem schlanken Barockturm, den der Spandauer Bauinspektor Lehmann damals vor den Altbau des 15./16. Jahrhunderts setzte. Eine flache, schmale Spitzbogennische in der Ostwand gilt der Sage nach als Standplatz eines „silbernen Heiligen", mit dem man früher alle hundert Jahre das weit und breit als wundertätig angesehene Wasser des Heiligen Sees weihte.

Heiligensee war ja ursprünglich eine Insel. Südlich ist es noch immer nur über eine Brücke zugänglich, und der erst in der Neuzeit durch einen Knüppeldamm bewältigte Sumpf im Norden des Dorfes macht sich nach der Schneeschmelze im Frühjahr bis heute bemerkbar. Die Lage Heiligensees und sein Name führten dazu, eine Fülle von Sagen entstehen zu lassen, die aber nicht so „uralt" sind, wie unkritische Lokalpatrioten meinen. Die älteste Erwähnung ist erst aus dem Jahre 1751 überliefert, während die meisten der insgesamt neun Sagen dem Zeitalter der Romantik zu verdanken sind. Sie bemühen sich, den Ursprung eines Namens, eines Wahrzeichens oder einer Naturerscheinung zu suchen, wobei sich die Grenze zwischen natürlicher und wunderbarer Erklärung verständlicherweise mitunter verwischt. Aber das soll es im menschlichen Leben auch auf anderen Gebieten geben.

„Wir sind so klug, und dennoch spukt's in Tegel"

„Wer seinen Füßen einigermaßen vertrauen kann, tut gut, Berlin als Ausgangspunkt genommen, die ganze Tour zu Fuß zu machen" schlug Theodor Fontane vor, als er auf seinen „Wanderungen durch die Mark Brandenburg" nach Tegel kam.

Seitdem sind Jahrzehnte vergangen, und heute wird wohl keiner mehr, selbst der berühmte „letzte Fußgänger" nicht, diesen weiten Weg per pedes zurücklegen. Man hat's auch nicht nötig; denn seit 1958 gelangt man sogar mit der Untergrundbahn an die Gestade des Tegeler Sees, den Gottfried Keller hundert Jahre zuvor als „Nord'schen Geistersee" besungen hat.

Vor Fontane und Keller ist schon Goethe in dem durch seine reizende Lage am Wasser und Wald bevorzugten und laut Baedeker „besuchenswertesten Teil" des heutigen Bezirks Reinickendorf gewesen. Aber nicht wegen der Brüder Humboldt, die damals, 1778, noch Kinder waren, sondern wegen botanischer Sehenswürdigkeiten und nur für wenige Stunden. Zwanzig Jahre später kam dem großen Mann in Weimar der von einem verliebten Jägerburschen eingefädelte „Spuk von Tegel" zu Ohren, dem er dann in der Walpurgisnachtszene des „Faust" zu klassischem Ruhm verhalf:

„Das Teufelspack, es fragt nach keiner Regel.
Wir sind so klug, und dennoch spukt's in Tegel."

Diesmal machen wir dem erinnerungsreichen „Humboldtschlößchen" nur eine stille Reverenz. Angesichts des alten Meilensteins der einstigen Hamburger Poststraße an der Ecke Karolinen- und Gabrielenstraße aber denken wir daran, daß man vom Oranienburger Tor bis hierher anderthalb Meilen hätte tippeln müssen, wenn wir Fontanes Rat gefolgt wären. Wir biegen vielmehr auf der anderen Straßenseite in den üppigen Auenwald ein und gehen dem in vielen Schleifen und Krümmungen gen Westen zum Tegeler See rinnenden Fließ entgegen.

Jenseits des Dammes der Kremmener Eisenbahn, am südlichen Höhenrand des Fließtals unweit vom Titusweg, fand man vor wenigen Jahren einen Rastplatz altsteinzeitlicher Rentierjäger aus dem achten Jahrtausend vor Christi Geburt mit vielen aus Feuerstein gefertigten Klingen, Schabern, Sticheln und Pfeilspitzen, der als erster seiner Art auf Berliner Boden für die Archäologen des viel zu wenig besuchten Museums für Vor- und Frühgeschichte eine Sensation bedeutete. Die größte Überraschung jedoch waren zwei trichterförmige, beinahe drei Meter tiefe Erdgruben, die dem Jägervölkchen als „Tiefkühltruhen“ für ihre Nahrungsbeute dienten.

Diese ersten Tegeler waren jagende Nomaden und nicht so seßhaft wie die Siedler von Waidmannslust, die 1975 die Hundertjahrfeier ihres Ortes begehen können. Die Entstehungsgeschichte ist nicht alltäglich. Der Hermsdorfer Gutsbesitzer hatte seinen Förster Bondick beauftragt, am Tegeler Fließ einen Ackerstreifen für einen Holzlagerplatz anzukaufen. Als Bondick erfuhr, daß nicht nur die Uferparzelle, sondern insgesamt 64 Morgen zu dem Spottpreis von 12 300 Mark — 8 Pfennig der Quadratmeter — zu haben waren, machte er das gute Geschäft auf eigene Rechnung. Die Folge war, daß der Gutsbesitzer seinen pfiffigen Förstermann feuerte.

Bondick hat nach risikoreichen Anfängen — erst ab 1884 hielt die Bahn an der auf seine Kosten angelegten Haltestelle Waidmannslust — noch den Aufschwung der Siedlung erlebt. 1892 starb er im Alter von 56 Jahren und wurde vor der Dorfkirche in Lübars begraben. Waidmannslust gehört nämlich zu der Gemarkung des alten Barnimdorfes und nicht etwa zu Hermsdorf, wie allgemein angenommen wird.

Hermsdorf bietet eine bunte Mischung von Landhäusern aller nur denkbaren Stile in gepflegten Gärten. Es hatte einmal den Ehrgeiz, durch die 1889 erbohrte und von der Regierung bestätigte „Kaiserin Auguste Victoria-Quelle“ zum Solbad aufzurücken. Obwohl die Quelle anfänglich in der Stunde eine Wassermenge von 5400 Litern lieferte, mußte der Traum vom Badeort bald aufgegeben werden, an den nur noch der Name der Solquellstraße und vergilbte Prospekte in den Archiven der Lokalhistoriker erinnern.

Erinnerungen sind auch die am Hause Alt-Hermsdorf 39 eingemauerten Terrakotten. Und zwar an die einst hier blühende Ziegelei und Tonwarenfabrik, deren aufgelassene Gruben die von Grün umwucherten Teiche beim „Seeschloß“ sind.

Bei jenem Hause zweigt der reizvolle Fußweg ab, der am Rande des anmutigen Wiesentals des Hermsdorfer Fließes — wie es hier heißt — unter mächtigen alten Eichen nach Lübars führt.

Vor ein paar Jahren, als man am schönen Isarstrand noch keine olympischen Sorgen hatte, gab es eine Woche „Berlin in München“. Aus diesem Anlaß sollte ein Berlin-Film im bayerischen Fernsehen gezeigt werden. Die Kurbelfritzen aus „Südpreußen“ kamen mit dem Konzept an die Spree, nicht am Kurfürstendamm oder auf der Tauentzien zu drehen, sondern das übliche Klischeebild von der Weltstadt Berlin durch eine Darstellung seiner dörflichen Idyllen abzulösen. In München besser zu Hause als an der Spree, waren die Fernsehleute recht enttäuscht, sowohl in Schmargendorf wie in Wilmersdorf, Mariendorf und Hermsdorf, trotz der verheißungsvollen Endsilbe des Ortsnamens nicht das zu finden, was sie suchten. Bis man ihnen den Tip gab: Fahren Sie doch einmal nach Lübars.

Dort draußen ist der Charakter des märkischen Dorfes so unverändert erhalten geblieben, daß man beinahe versucht ist, „Urlaub auf dem Bauernhof“ zu machen. Ein derartiges Unternehmen soll aber seine Nachteile haben. Wo es Kuhställe und Misthaufen gibt, sind Fliegen unvermeidbar. Gegen diese kann man sich allenfalls durch „flitten“ schützen, aber wem gelingt es, einem Hahn abzugewöhnen, daß er den neuen Tag noch vor Sonnenaufgang lauthals begrüßt?

An der Benekendorffstraße stehen einige altertümliche Backsteinhäuschen, wie wir sie einst als „Insthäuser“ auf pommerschen oder ostpreußischen Gütern kennenlernten. Es sind die Wohnhäuser der früher hier im „Tonstich“ tätigen Ziegeleiarbeiter. Der Tonstich ist schon vor über dreißig Jahren zum beliebten „Strandbad Lübars“ geworden, dessen klares, kühles Wasser im Hochsommer als besonders erfrischend geschätzt wird.

Als ich die Schulbank drückte, war die Ziegelei noch in Betrieb, und auf den zum „Auswintern“ aufgehäuften fetten Tonmassen konnte man die tertiären Konchylien — Muscheln und Schnecken aus dem Meer, das vor Millionen von Jahren hier flutete — wie Rosinen aus dem Kuchen picken. Wenn man Glück hatte, fand man auch eine Septarienknolle: kugelförmige Kalksteingebilde, die im Innern in „Septen“ gekammert waren, auf denen goldgelber Kalkspat glänzte und an eine Bergkristalldruse denken ließ. Der Biologielehrer war hochbeglückt, wenn er derartige Fundstücke aus Lübars erhielt und vergaß nicht, das durch Lobstriche anzuerkennen.

Der Name Lübars kommt aus dem Slawischen und soll aus einem Personennamen gebildet worden sein. Lebus an der Oder und das pommersche Labus haben dieselbe sprachliche Wurzel, desgleichen zwei gleichlautende Orte in der Altmark. Die urkundliche Überlieferung beginnt bereits 1247, doch sind ausführliche Nachrichten erst im Landbuch Kaiser Karls IV. von 1375 verzeichnet, das „Lubas“ als Besitz des Benediktinerinnenklosters in Spandau ausweist, sechs Kossäten registriert und einen Krug, dessen Wirt dem Dorfschulzen 5 Schillinge zu zahlen hatte. Diese geringe Abgabe — der Schöneberger Kollege mußte 30, der Zehlendorfer sogar 32 Schillinge entrichten — findet in der versteckten Lage von Lübars, abseits der großen Durchgangsstraßen, seine Erklärung. Sie hat das Dorf vor den Schrecken des Dreißigjährigen Krieges bewahrt und auch im Bombenkrieg einigermaßen geschont. Doch ist in Lübars die Zeit nicht stehen geblieben. Die neuen Wohnhochhäuser auf den Rollbergen am Zabel-Krüger-Damm sind unübersehbar, und der früher so oft genossene Fernblick auf die Türme Berlins ist durch das „Papageien-Manhattan“ (wie der Volksmund das Märkische Viertel nennt) verbaut. Leider wird auch der schöne Blick auf das Fließtal hinüber zu den Barnimdörfern Glienicke und Schildow, den seit 1961 der Grenzzaun optisch nur wenig beeinträchtigte, jetzt durch die grobschlächtige Betonwand der „modernen Grenze“ empfindlich gestört.

Nach Schildow können wir nicht von Lübars aus, wohl aber auf dem Schildower Weg bis zu Berlins letzter freisprudelnder Quelle vordringen, die Skeptiker allerdings für einen Abfluß der überschüssigen Blankenfelder Rieselwasser halten. Doch sie haben unrecht; denn der

Ziegelei in Lübars, 1926

„Sprint“ war schon dem märkischen Chronisten Johann Christoph Bekmann bekannt, der 1751 in seiner dickleibigen „Historischen Beschreibung der Chur und Mark Brandenburg“ darüber berichtete: „Unweit Lubarsch entstehet aus einem hohen berg und untenhin aus den rings umher hervortreibenden quellen ein wasser, welches mitten im sommer, auch in den heissesten tagen eiskalt ist, jedoch im härtesten winter niemahls zufrieret.“

Ein anderer Freund und Kenner des brandenburgischen Landes, der noch unter uns lebende Hanns Bornemann, hat ein Geschichtchen von den Schildowern überliefert, die schon wegen des Namens ihres Dorfes irgendwie mit den Schildbürgern verwandt sein müssen.

Eines Tages waren sie alle beim Kartoffelhacken und so in ihre Arbeit vertieft, daß sie kein Ende finden konnten. Schließlich fiel es ihnen auf, nur wußten sie nicht, was sie nicht finden konnten und schickten darum einen von ihnen nach dem benachbarten Schönfließ, um dort Rat zu holen. Doch die Schönfließer lachten mächtig und riefen: „Da ist doch das Ende von weg." Nun fiel dem Schildower Boten ein, daß es das Ende war, das sie nicht finden konnten und lief mit dieser Erkenntnis zu seinen Kartoffelhackern zurück. Er war aber noch nicht ganz auf dem Acker angelangt, da hatte er das Wörtchen „Ende" bereits wieder vergessen. Er ging also betrübt nach Schildow weiter und sagte seinen Männern, er hätte wohl, was sie nicht finden könnten, aber unterwegs auf dem Gerstenberg sei es ihm entfallen. Nun begannen sie dort nachzugraben, leider ohne Erfolg. Das Loch wurde immer größer und tiefer, bis endlich einer rief: „Herrjeh, was für ein Ende haben wir schon gegraben." Jetzt hatten sie endlich das Ende wieder, sie gingen auf ihr Feld zurück und hackten ihre Kartoffeln zu

Ende.

ORTSREGISTER